Scuola Secondaria di Secondo Grado

Matematica

INVALSI .Mat

Proposta didattica
a cura di E. Eltrudis, M. Garzetti

SECONDO BIENNIO E QUINTO ANNO

Allenamento per la Prova INVALSI

DeA SCUOLA | Petrini

Petrini

internet: deascuola.it

e-mail: info@deascuola.it

Member of CISQ Federation
RINA
CERTIFIED MANAGEMENT SYSTEM
ISO 9001
Il Sistema di Gestione per la Qualità di De Agostini Scuola S.p.A. è certificato per l'attività di "Progettazione, realizzazione e distribuzione di prodotti di editoria scolastica"

Redattore responsabile: Monica Martinelli
Redazione: Stefano Parravicini
Redazione multimediale: Rachele Ambrosetti
Progetto grafico: Marco Satta
Realizzazione: M.T.M.
Copertina: Matteo Rossi
Disegni: Leprechaun

Art Director: Nadia Maestri

1ª edizione: gennaio 2019
Printed in Italy

Le fotografie di questo volume sono state fornite da: Shutterstock; iStockphoto.

Stampa: AGS - All Graph System srl – Novara

Ristampa: 0 1 2 3 4 5 6 7 8 9

Anno: 2019 2020 2021 2022 2023

Sommario

Presentazione

La Prova INVALSI propone un approccio alla matematica molto innovativo: spesso le domande necessitano pochi calcoli, ma richiedono di ragionare a fondo.

Il fatto che ci siano pochi calcoli da svolgere potrebbe indurre a credere che la Prova INVALSI sia facile, ma in realtà essa è molto impegnativa. Infatti i quesiti richiedono di avere compreso a fondo la situazione presentata, inoltre spesso occorre applicare le proprie conoscenze in contesti molto diversi da quelli a cui si è abituati.

Perciò, per affrontare con successo la Prova INVALSI occorre abituarsi a risolvere esercizi simili a quelli che essa propone.

Lo scopo di Invalsi.Mat è proprio questo: allenarsi per presentarsi preparati il giorno della prova.

Questo volume contiene cinque simulazioni della Prova INVALSI di Matematica per il quinto anno, ciascuna delle quali è costituita da 40 domande ed è rivolta a qualsiasi tipo di scuola.

Alla fine di ciascuna simulazione ci sono poi 8 domande specifiche per il liceo scientifico e 8 domande specifiche per gli istituti tecnici.

A conclusione del volume sono riportate le risposte di tutte le domande.

La preparazione alla Prova INVALSI poi continua sul sito di DeA Scuola.

L'ambiente **Percorso INVALSI** presenta le simulazioni di questo volume per esercitarsi nel formato CBT della Prova INVALSI ufficiale, inoltre contiene altre palestre e simulazioni.

Simulazione 1

D1 **Determina l'equazione della retta rappresentata nel grafico.**

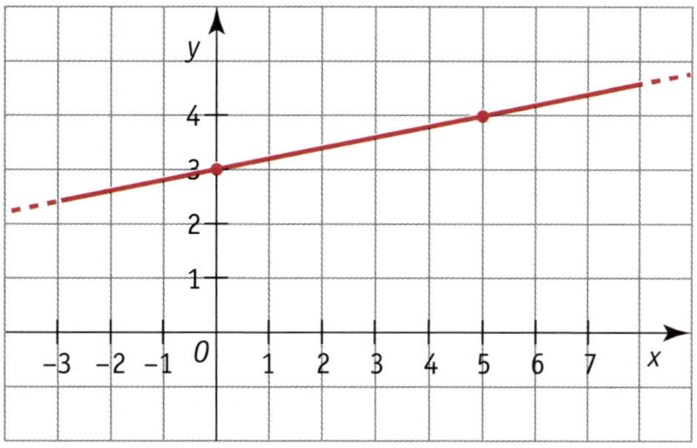

A $y = \frac{1}{5}x + 3$

B $y = 2x - 6$

C $y = 5x - 15$

D $y = \frac{1}{2}x + 3$

D2 **Dati due numeri reali qualsiasi *x* e *y*, quale delle seguenti affermazioni non è vera?**

A $|x \cdot y| = |x| \cdot |y|$

B $\left|\frac{x}{y}\right| = \frac{|x|}{|y|}$ (con $y \neq 0$)

C $|x + y| = |x| + |y|$

D $|x| = y$ se $x = \pm y$

D3 **Una colonia di batteri conta inizialmente 100 esemplari e ad ogni ora il numero raddoppia.**

1. Quanti esemplari saranno presenti dopo un giorno (24 ore)?

A $2 \cdot 100^{24}$

B $24 \cdot 100^{2}$

C $24 \cdot 2^{100}$

D $100 \cdot 2^{24}$

2. Qual è l'ordine di grandezza del numero dei batteri dopo un giorno?

A 48

B 9

C 5

D 31

D4 **Il solido in figura è composto di 9 cubi congruenti di spigolo l. Qual è l'area della superficie del solido in funzione di l?**

A $38l^2$

B $54l^2$

C $9l^2$

D $3l^2$

D5 **Il grafico rappresenta il numero medio di figli per donna in età compresa tra i 15 e i 49 anni tra gli anni 1999-2016.** *(Fonte: Istat.)*

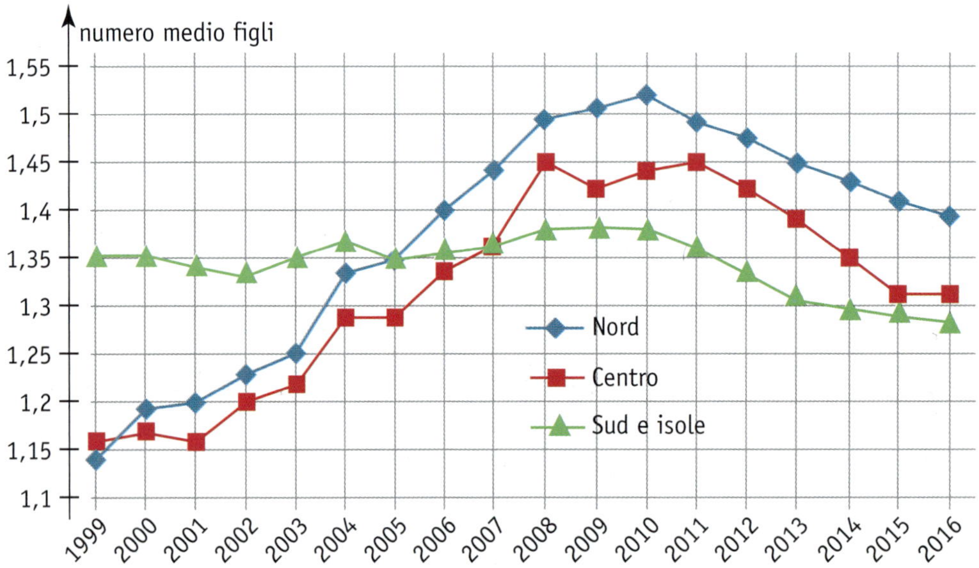

Indica se ciascuna delle seguenti affermazioni è vera (V) o falsa (F)

a. Nel 2005 il numero medio di figli per donna era lo stesso nel Nord e nel Sud e Isole V F

b. Dal 2010 il numero medio di figli per le donne del Nord è in diminuzione V F

c. Il numero medio di figli per le donne del Sud e Isole è sempre stato compreso tra 1,25 e 1,4 V F

d. Dal 2008 la zona con il minor numero medio di figli per donna è il Sud e Isole V F

D6 **In un campione di 100 persone sono stati analizzati il colore (chiaro/scuro) di occhi e capelli. Completa la tabella sulla base delle informazioni riportate di seguito:**

- la probabilità che una persona abbia gli occhi scuri è l'80%
- la probabilità che una persona con occhi chiari abbia i capelli scuri è il 13%
- la probabilità che una persona abbia occhi scuri e capelli scuri è il 62%

Capelli \ Occhi	CHIARI	SCURI	TOTALE
CHIARI	7	18	25
SCURI	13	62	75
TOTALE	20	80	100

D7 **Quale delle seguenti funzioni può essere rappresentata dal grafico in figura?**

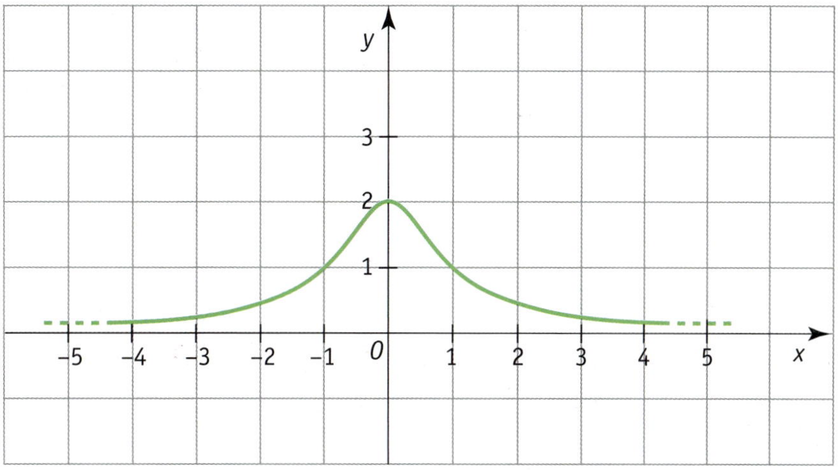

A $y = \dfrac{x^2+1}{2}$

B $y = \dfrac{2}{x^2-1}$

C $y = \dfrac{x^2-1}{2}$

D $y = \dfrac{2}{x^2+1}$

D8 **Nella sala d'aspetto di uno studio di dietologia il peso medio delle 8 persone presenti è 80 kg. Si presentano altri 4 pazienti con un peso medio di 62 kg. Qual è ora il peso medio delle persone nella sala d'aspetto?**

Risposta: 74 kg

D9 **Su un tavolo ci sono due scatole chiuse *A* e *B* contenenti ciascuna un diverso numero di palline bianche e nere. Completa il diagramma ad albero sulla base delle informazioni di seguito riportate:**

- la probabilità di aprire la scatola *A* è il 40%
- il 20% delle palline della scatola *B* sono nere
- $\dfrac{1}{10}$ delle palline della scatola *A* sono bianche

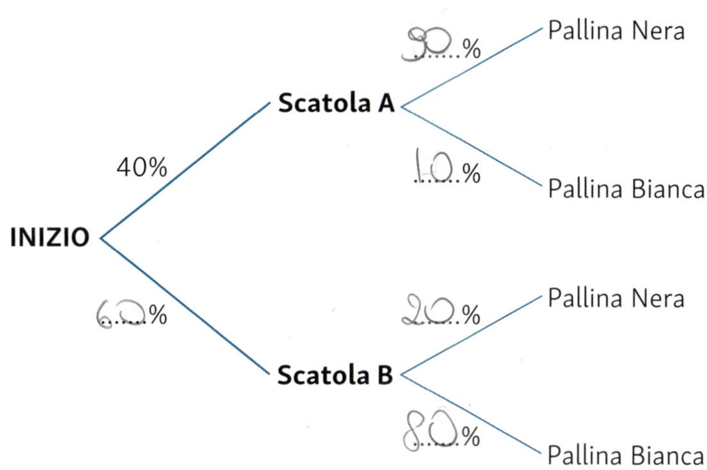

D10 **Nel grafico sono rappresentate le temperature massime rilevate in media nei mesi di giugno, luglio, agosto in alcune città italiane.**

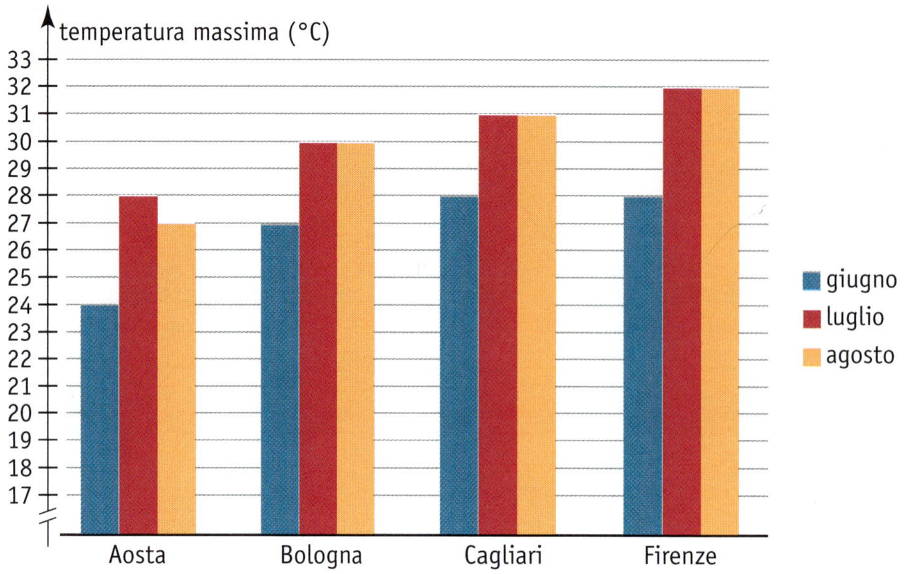

Indica se ciascuna delle seguenti affermazioni è vera (V) o falsa (F).

a. Ogni città ha avuto in media uguale temperatura massima nei mesi di luglio e agosto V F

b. Le temperature medie registrate a Firenze sono sempre state le più alte V F

c. Ogni mese ad Aosta si sono registrate le temperature più basse V F

d. La temperatura massima più alta è stata registrata a Firenze nei mesi di luglio e agosto V F

D11 **Il grafico rappresenta l'andamento della popolazione in due cittadine del sud della Sardegna tra il 2001 e il 2017.**

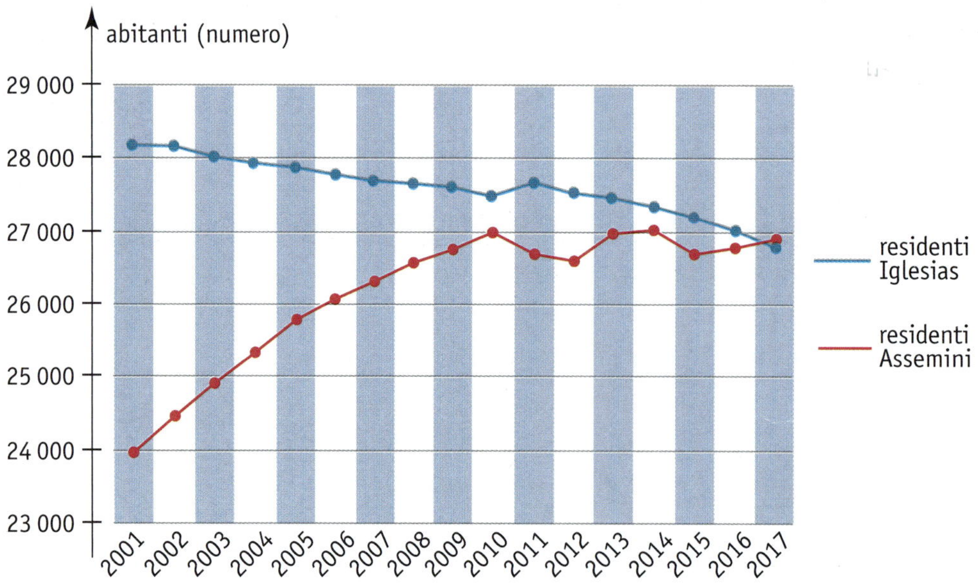

Il minor divario tra i residenti di Iglesias e i residenti di Assemini si ha

A nel 2016

B nel 2017

C nel 2010

D tra il 2016 e il 2017

D12 **Luca sta andando in bicicletta e a ogni pedalata le ruote compiono un giro completo. Sapendo che i raggi delle ruote sono lunghi 35 cm, quante pedalate deve fare Luca come minimo per percorrere 50 metri?**

- **A** 45 pedalate
- **B** 22 pedalate
- **C** 23 pedalate
- **D** 46 pedalate

D13 **Quale relazione sui lati di un triangolo *ABC* è sempre vera?**

- **A** $AB > AC + BC$
- **B** $AB < AC + BC$
- **C** $BC^2 = AB^2 + AC^2$
- **D** $BC = AB + AC$

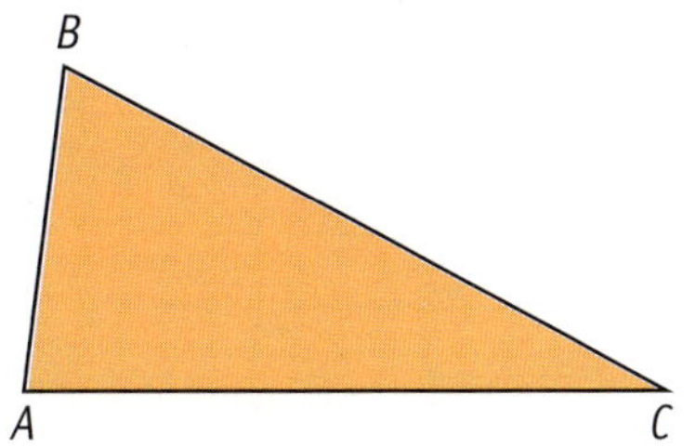

D14 **Il parallelepipedo in figura è formato da due cubi congruenti. L'area della superficie di ogni cubo è 24 cm^2. Qual è l'area della superficie del parallelepipedo?**

Risposta: ..... cm^2

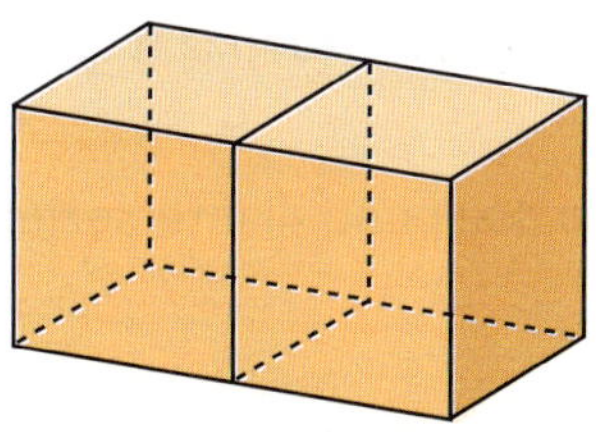

D15 **In una pizzeria d'asporto un pizzaiolo impiega circa 2 minuti e mezzo per la stesura e il condimento di una pizza, necessita di 1 minuto e mezzo per la cottura, mentre impiega circa 30 secondi per mettere la pizza nel cartone.**
Ipotizzando che il piazzaiolo lavori senza pause per 2 ore e mezza, quante pizze riesce a preparare?

Risposta: ..... pizze

D16 **Data la funzione $f(x) = \frac{1-x}{x+3}$ determina quale tra le seguenti è l'equazione di f^{-1}.**

- **A** $f^{-1}(x) = \frac{x+3}{1-x}$
- **B** $f^{-1}(x) = \frac{x-1}{-x-3}$
- **C** $f^{-1}(x) = \frac{-x-3}{x-1}$
- **D** $f^{-1}(x) = \frac{1-3x}{x+1}$

D17 **Considera il numero intero *k* compreso tra 0 e 1. Quale tra i seguenti numeri è il minore?**

- **A** $\log_2 k$
- **B** 2^k
- **C** $\cos(k)$
- **D** $2k$

D18 **Siano f e g due funzioni il cui grafico è rappresentato in figura.**

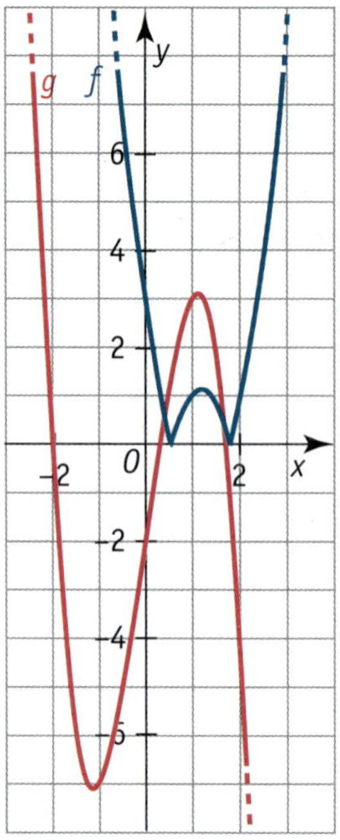

Facendo riferimento alla porzione di grafico visualizzata, indica se ciascuna delle seguenti affermazioni è vera (V) o falsa (F).

a. La funzione f e la funzione g hanno due punti di intersezione V F

b. $f(x) > 0$ per ogni x reale V F

c. La funzione f è sempre crescente V F

d. $g(0) = -2$ V F

D19 **Nel cartello in figura è indicata la pendenza in percentuale di una strada. Se la pendenza è del 10% significa che per ogni 100 metri percorsi in orizzontale, il livello della strada si alza di 10 metri.**

Quale formula permette di trovare l'angolo α di inclinazione della strada rispetto all'orizzontale?

A $\tan\alpha = \dfrac{\text{tratto orizzontale}}{\text{dislivello}}$

B $\tan\alpha = \dfrac{\text{dislivello}}{\text{tratto orizzontale}}$

C $\sin\alpha = \dfrac{\text{dislivello}}{\text{tratto orizzontale}}$

D $\sin\alpha = \dfrac{\text{tratto orizzontale}}{\text{dislivello}}$

D20 **Secondo la legge di gravitazione universale, formulata da Isaac Newton, due corpi si attraggono con una forza espressa dalla formula seguente:**

$$F = G\frac{m_1 m_2}{r^2}$$

m_1 e m_2 indicano le masse dei due corpi, r indica la distanza tra i baricentri dei due corpi e G è un valore costante.
Indica quale delle seguenti affermazioni è vera (V) o falsa (F).

a. Se m_1 raddoppia, anche F raddoppia V F
b. Se r raddoppia, F si dimezza V F
c. Se F diminuisce, potrebbe essere aumentata la distanza o potrebbero essere diminuite le masse V F
d. La forza e la distanza sono inversamente proporzionali V F

D21 **Quale dei seguenti grafici può rappresentare il grafico della funzione $y = |2^x|$?**

A
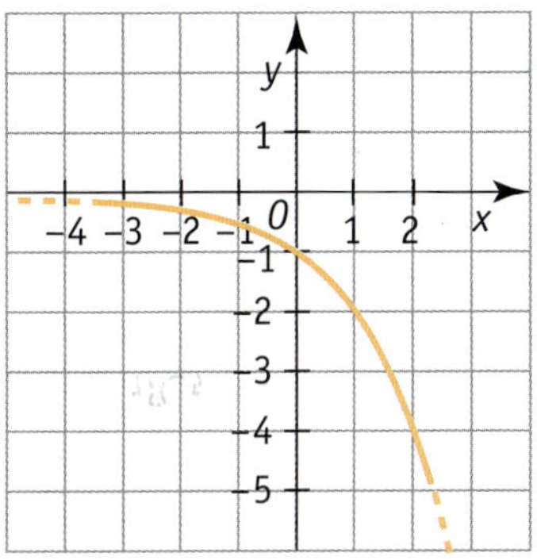

C
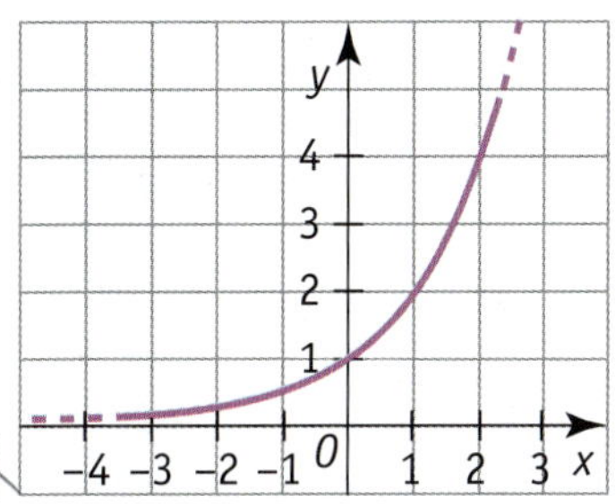

B
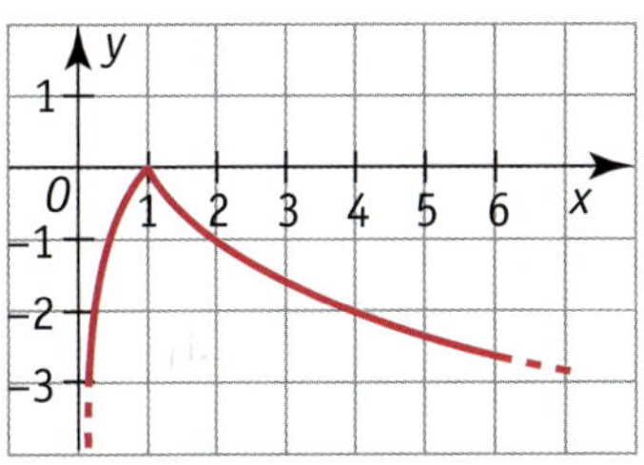

D
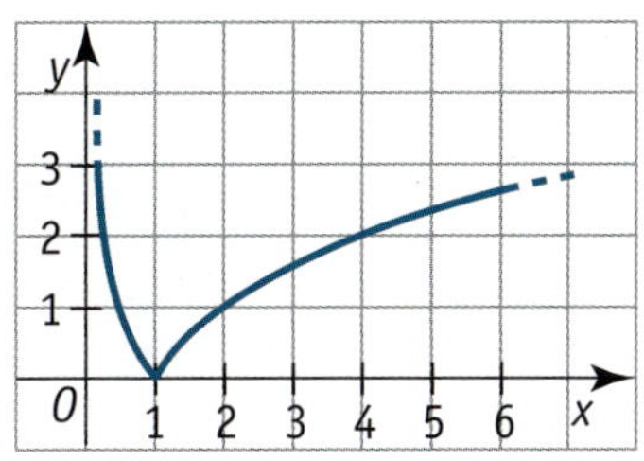

D22 **Una piccola pasticceria produce *cupcake* e spende 30 centesimi per ogni unità prodotta. Al giorno sostiene costi fissi di 15 euro e costi di vendita che, per ogni unità, sono uguali a $\frac{1}{30}$ dei *cupcake* venduti. Ogni *cupcacke* è venduto a 2 euro. Quale tra le seguenti funzioni può rappresentare l'andamento dei guadagni giornalieri della pasticceria in funzione degli *n cupcake* venduti?**

A $G(n) = 2n - \left(\frac{1}{30}n^2 + 0,3n + 15\right)$

B $G(n) = 2n - \left[\left(\frac{1}{30}n + 0,3n\right) + 15\right]$

C $G(n) = 2n - \left(\frac{1}{30}n^2 + 0,3n + 15n\right)$

D $G(n) = 2n - \left(\frac{1}{30}n + 0,3n + 15n\right)$

D23 **Il numero di visitatori in un nuovo museo nelle prime tre settimane di apertura è in media di 260 alla settimana. Nella quarta settimana, il numero di visitatori fa salire la media a 300.**
Quanti visitatori ci sono stati nell'ultima settimana?

Risposta: ...... visitatori

D24 **Il filosofo Zenone nel V secolo a.C. ipotizzò un paradosso che coinvolgeva il "piè veloce" Achille e una tartaruga. Secondo la sua teoria, se in una gara di velocità Achille avesse dato alla tartaruga un margine di vantaggio, egli non sarebbe più riuscito a raggiungerla, perché la distanza tra lui e la tartaruga avrebbe continuato a ridursi senza però annullarsi mai.**
In realtà non è così. Smentisci il filosofo Zenone ipotizzando un percorso totale della pista di 150 metri, una velocità media di 5 m/s per Achille e 0,5 m/s per la tartaruga e un vantaggio di 90 metri per la tartaruga. Dopo quanto tempo Achille raggiunge la tartaruga?

A 5 minuti

B 15 secondi

C 30 secondi

D 20 secondi

D25 **La Tour Eiffel è alta 300 m (esclusa l'antenna alla sommità) e ha base quadrata con lato lungo circa 120 m. Luigi vuole costruire un modellino della torre alto 2 cm; quanto misurerà la superficie della base del modellino?**

A 0,064 mm^2

B 64 mm^2

C 8 mm^2

D 1,5 cm^2

D26 **Nelle classi quinte di tre istituti superiori è stata fatta un'indagine statistica per verificare la scelta universitaria.**
I risultati sono riportati in tabella.

	Indirizzo scientifico	Indirizzo umanistico	Non proseguo gli studi	Totale
Istituto Professionale	7	5	58	70
Liceo	32	48	10	90
Istituto tecnico	42	8	15	65
Totale	81	61	83	225

Indica per ciascuna affermazione se è vera (V) o falsa (F).

a. La probabilità che uno studente non prosegua gli studi è $\frac{83}{225}$ V F

b. La probabilità che uno studente che frequenterà una facoltà scientifica provenga da un istituto tecnico è $\frac{42}{65}$ V F

c. Se uno studente è del liceo, la probabilità che si iscriva all'università è l'80% V F

d. La probabilità che uno studente dell'istituto professionale si iscriva in una facoltà umanistica è $\frac{5}{70}$ V F

D27 **Carlotta deve comprare una maglietta che è in vendita in due negozi diversi. Nel primo negozio la maglia è scontata del 50% e solo per oggi vi è un ulteriore sconto del 20% sul prezzo di listino. Nel secondo negozio la maglia è scontata del 20%, ma tra una settimana, con l'inizio dei saldi, sarà possibile avere uno sconto ulteriore del 50% sul prezzo di listino.**
Quale negozio offre la maglietta al minor prezzo?

A Il prezzo finale della maglietta è minore nel secondo negozio

B Il prezzo finale della maglietta è minore nel primo negozio

C Il prezzo finale della maglietta è lo stesso in entrambi i negozi

D Per stabilire qual è il negozio più conveniente sono necessari dati aggiuntivi, infatti la scelta dipende dal prezzo iniziale della maglietta

D28 **Osserva il solido rappresentato in figura.**

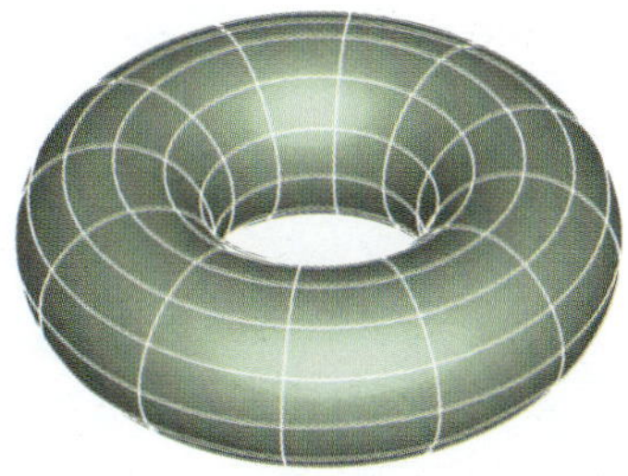

Quale delle seguenti circonferenze genera il solido in figura tramite una rotazione intorno all'asse *x*?

A
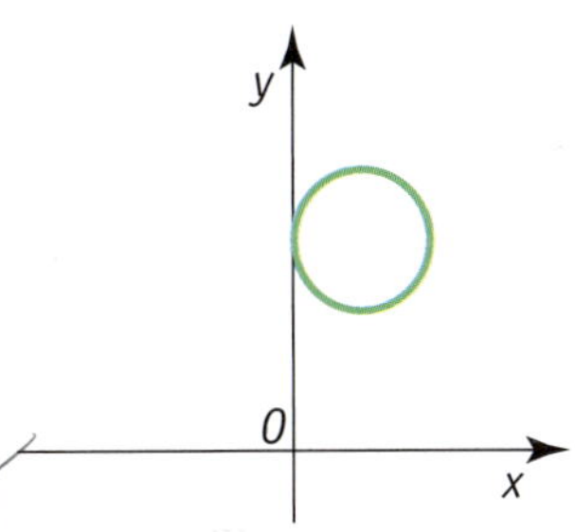

C
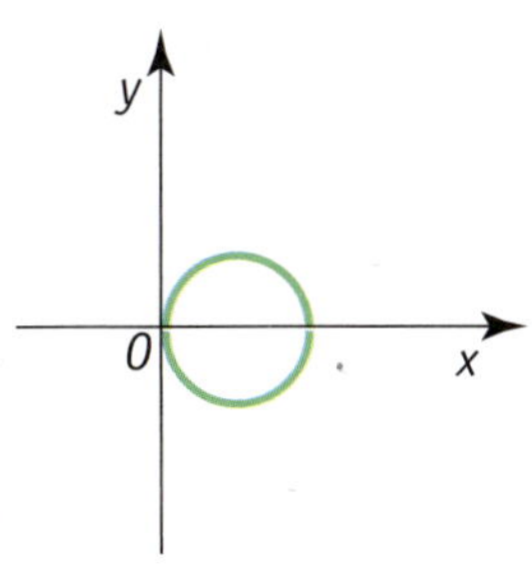

B
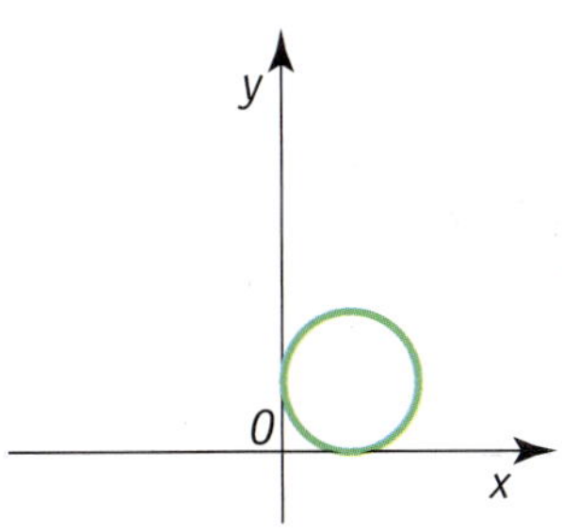

D
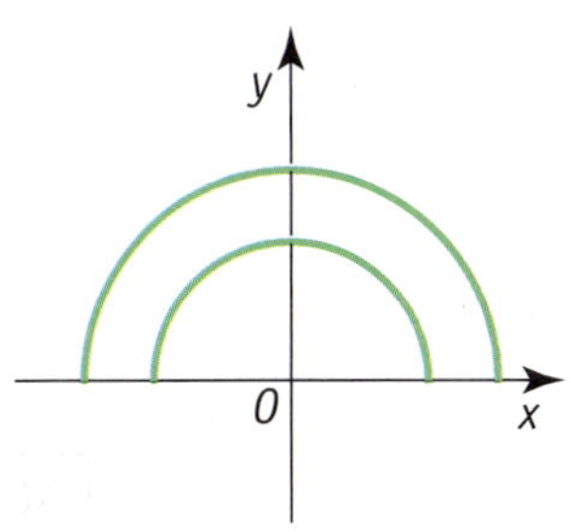

D29 **Un negozio di elettronica propone un giorno di grandi sconti. Tutti i prodotti sono scontati del 40% per l'intera giornata e per i clienti che si presenteranno entro le 12.00 in negozio, ci sarà un ulteriore sconto del 10% sul prezzo già ribassato.**
Di quale percentuale di sconto totale sui prodotti potrà usufruire Gianni se va in negozio alle 10.30?

A Maggiore del 50%

B Minore del 50%

C Uguale al 50%

D Dipende dal prezzo iniziale del prodotto

D30 **È data l'equazione $\log_a 16 = 2$. Possiamo dire che:**

- **A** $a^2 = 16$, quindi $a = \pm 4$
- **B** $2^a = 16$, quindi $a = 4$
- **C** $a^2 = 16$, quindi $a = 4$
- **D** $2^a = 16$, quindi $a = \pm 4$

D31 **Osserva l'immagine e rispondi alle domande.**

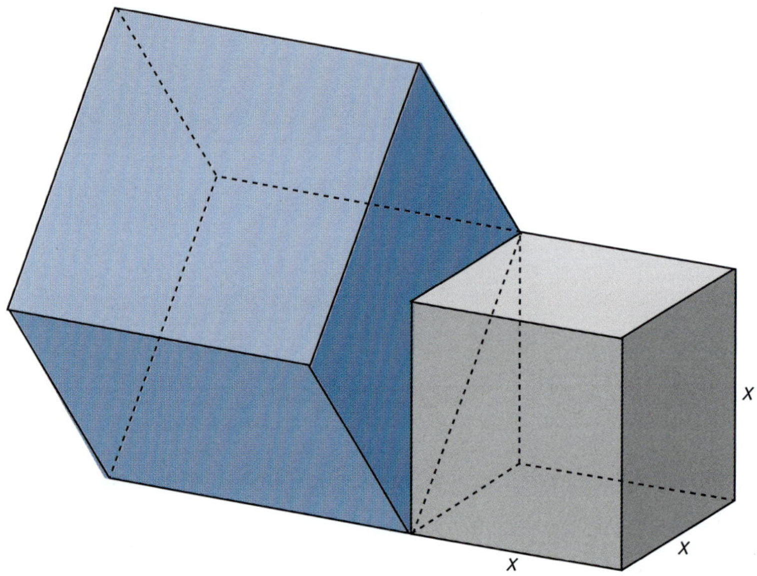

1. Lo spigolo del cubo grigio in figura misura x. Qual è il volume del cubo blu?

- **A** $\sqrt{2}x^3$
- **B** $6x^3$
- **C** $2x^3$
- **D** $2\sqrt{2}x^3$

2. Come varia il volume del cubo blu al raddoppiare di x?

- **A** Raddoppia anche il volume
- **B** Diventa 4 volte quello di partenza
- **C** Diventa 8 volte quello di partenza
- **D** Non si ottiene un cubo

D32 **Per quale dei seguenti valori di a è vera l'affermazione "$\log_a x > \log_a y$, quindi $x > y$"?**

- **A** $a = \frac{4}{5}$
- **B** $a = 1$
- **C** $a = -1$
- **D** $a = \frac{5}{4}$

D33 Quale tra i seguenti grafici non rappresenta il grafico di una funzione?

A 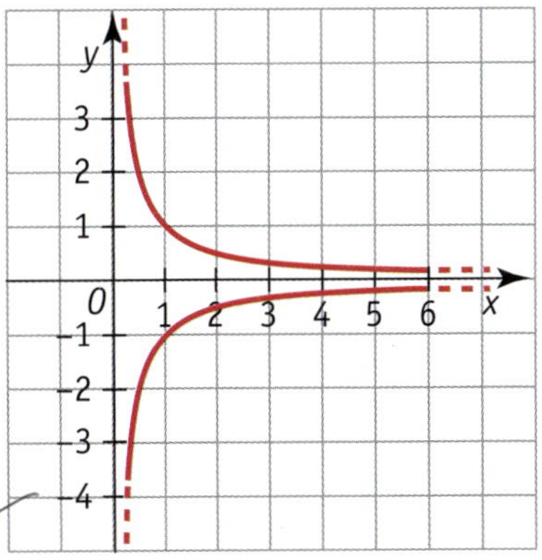

C 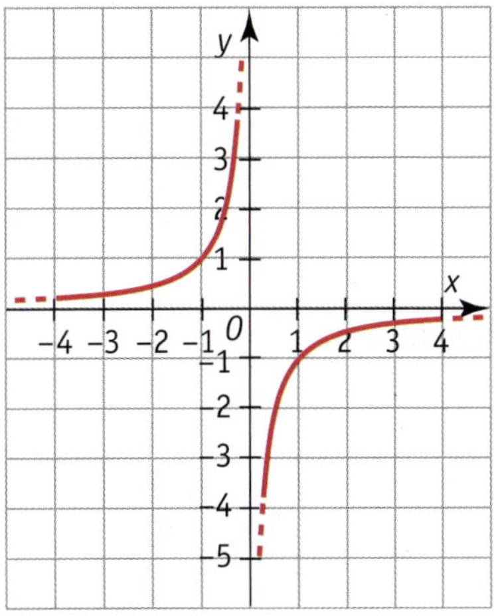

B 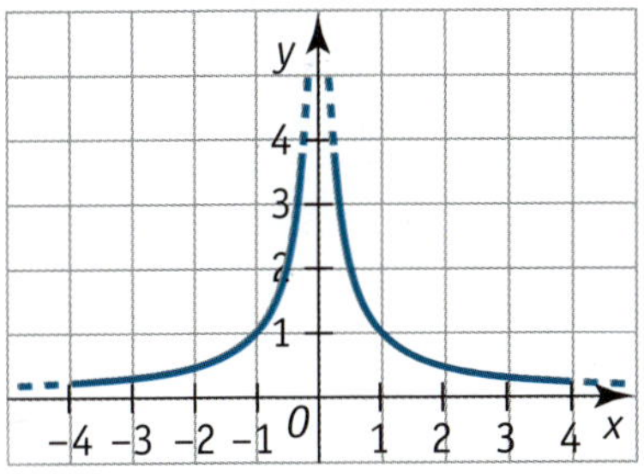

D 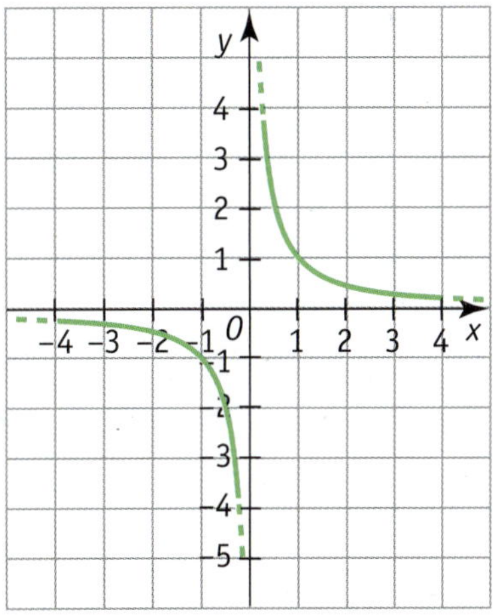

D34 È dato un quadrato *ABCD* con lato lungo 8 cm. Al suo interno è inscritto il quadrilatero *EFBG*. La posizione dei punti *E*, *F*, *G* può variare lungo i lati, ma i segmenti *AE*, *DG* e *FB* hanno sempre uguale lunghezza *x*.

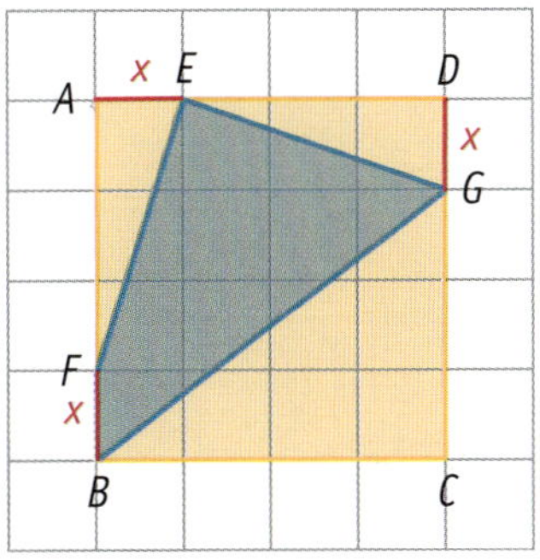

1. Se $x = 1$ cm l'area del quadrilatero *EFBG* è uguale a:

A $7\ cm^2$

B $29\ cm^2$

C $9\ cm^2$

D $35\ cm^2$

2. Al variare della lunghezza x tra 0 e 8, l'area del quadrilatero è descritta dall'espressione $A = x^2 - 4x + 32$. Indica per ciascuna affermazione se è vera (V) o falsa (F).

a. L'area del quadrilatero è minima se $x = 2$ V F

b. Se $x = 0$ il quadrilatero diventa un triangolo V F

c. Se $x = 8$ il quadrilatero *EFBG* coincide con il quadrato *ABCD* V F

D35 **Quale solido si ottiene facendo ruotare la figura lungo l'asse *s*?**

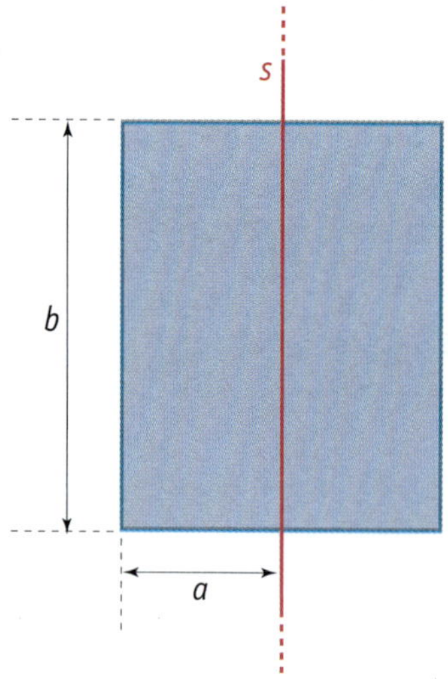

A
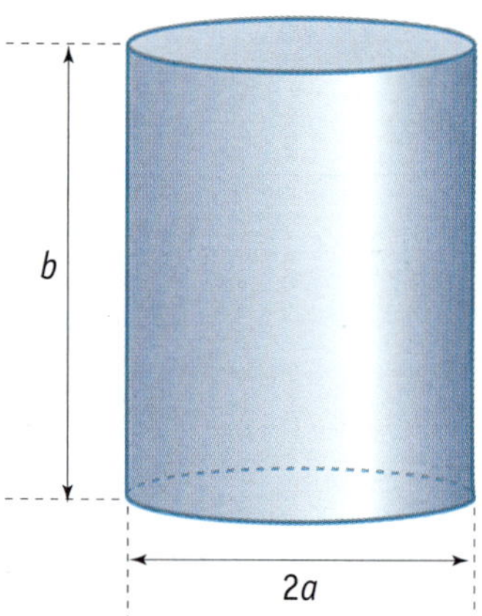

B
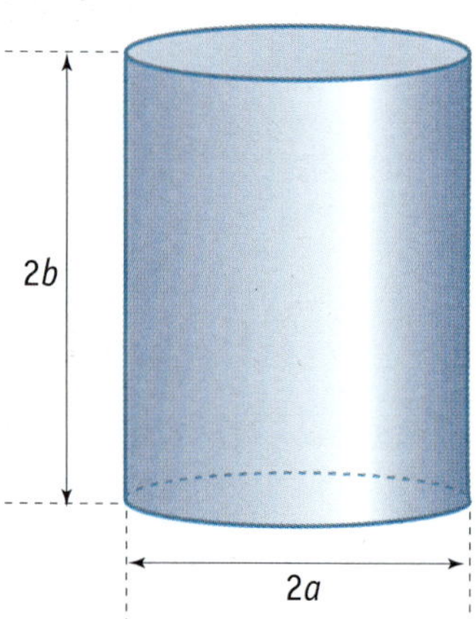

C
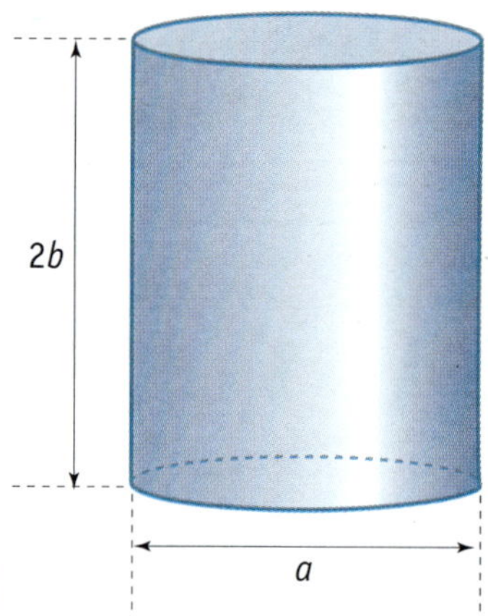

D
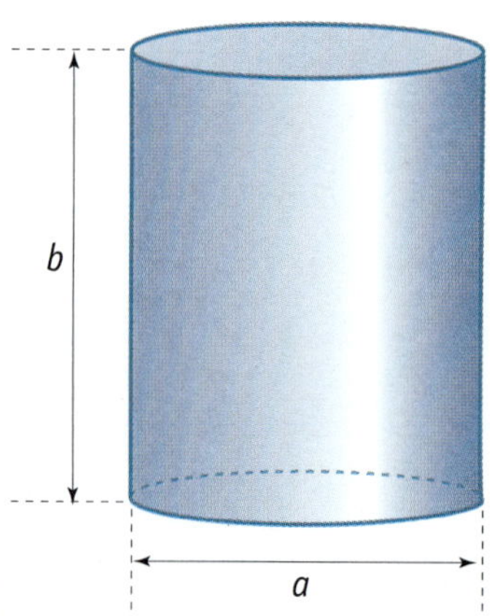

D36 **Quale tra le seguenti equazioni ha come soluzioni $t = 2$ e $t = -3$?**

A $(t^2 + 4)(t^2 - 9) = 0$

B $(t^2 - 4)(t^2 + 9) = 0$

C $(t - 2)(t + 3) = 0$

D $(t + 2)(t - 3) = 0$

D37 **Il grafico rappresenta il numero di famiglie italiane, distinte per area geografica, che dichiarano di effettuare sempre la raccolta differenziata della carta negli anni 1998, 2012, 2017 (per 100 famiglie della stessa zona).**

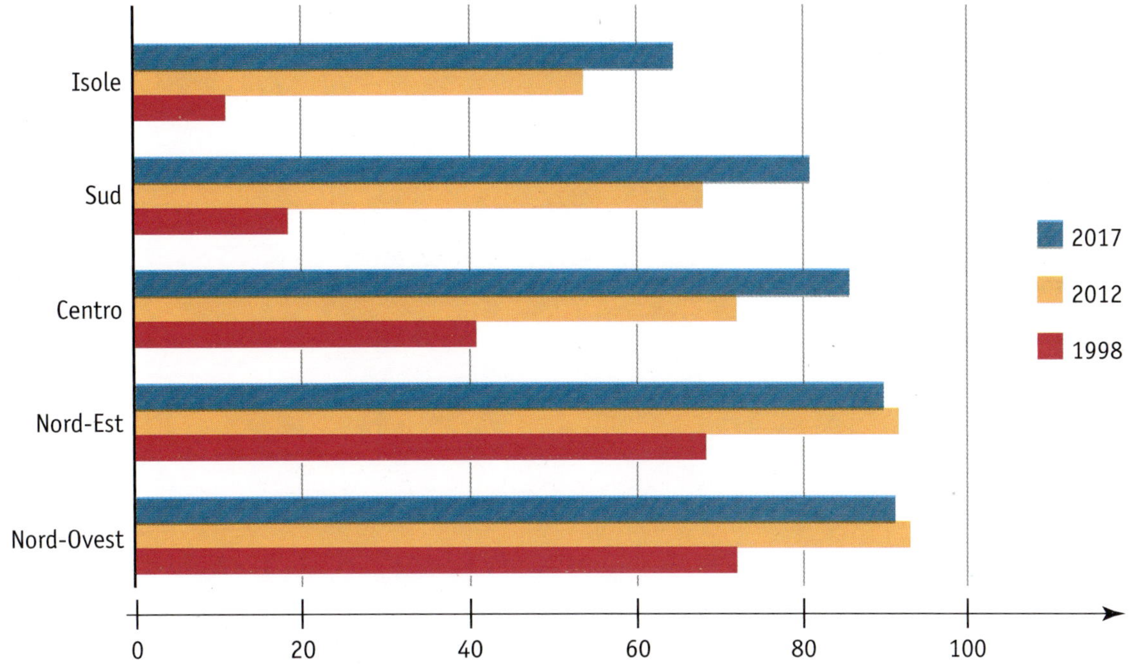

Indica se ciascuna delle seguenti affermazioni è vera (V) o falsa (F).

a. Nel corso degli anni ogni area geografica ha incrementato la raccolta differenziata della carta V F

b. Il Nord-Ovest è l'area geografica in cui si fa maggiormente la raccolta differenziata della carta V F

c. Le Isole rappresentano l'area geografica in cui si fa meno la raccolta differenziata della carta V F

d. Il 1998 è l'anno in cui meno famiglie effettuavano la raccolta differenziata della carta V F

D38 **Un'indagine statistica analizza i motivi di pernottamento in un hotel di Milano. I risultati sono sintetizzati in tabella.**

	LAVORO	SVAGO	SALUTE	ALTRO	TOTALE
MASCHI	85	140	42	33	300
FEMMINE	35	70	108	47	260
TOTALE	120	210	150	80	560

1. Qual è la probabilità che una persona in visita a Milano per motivi di salute sia un maschio?

A $\frac{42}{150}$

B $\frac{42}{108}$

C $\frac{42}{300}$

D $\frac{42}{560}$

2. Qual è la probabilità che una persona sia in visita a Milano per motivi di salute?

A $\frac{42}{560}$

B $\frac{150}{560}$

C $\frac{108}{560}$

D $\frac{1}{150}$

D39 Associa ad ogni equazione il grafico corrispondente.

a. $y = -x^2$

b. $y = x^2 + 3$

c. $y = -x^2 - 2x$

d. $y = \frac{1}{2}x^2 + 3$

A.
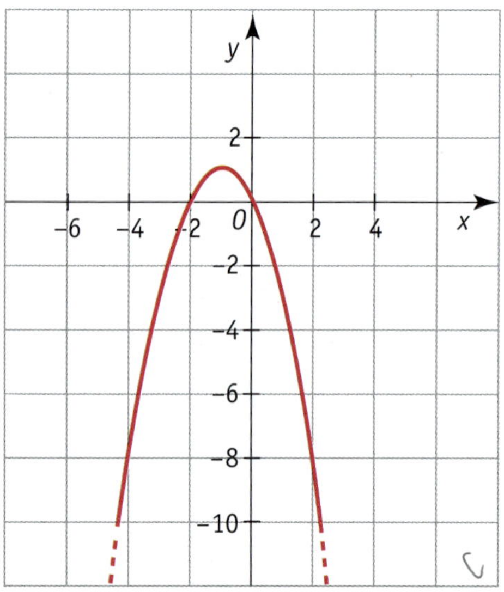

C.
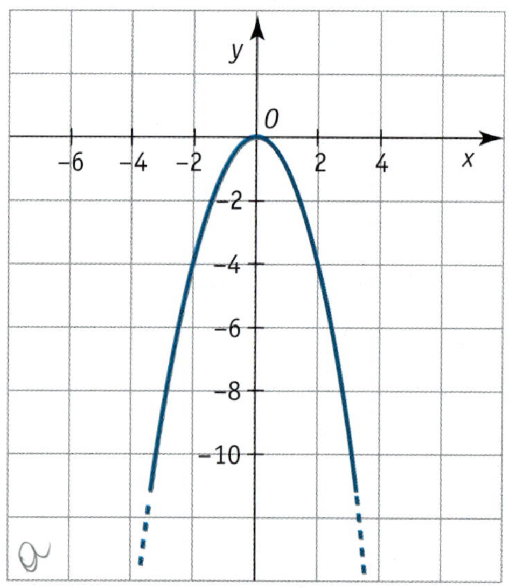

B.
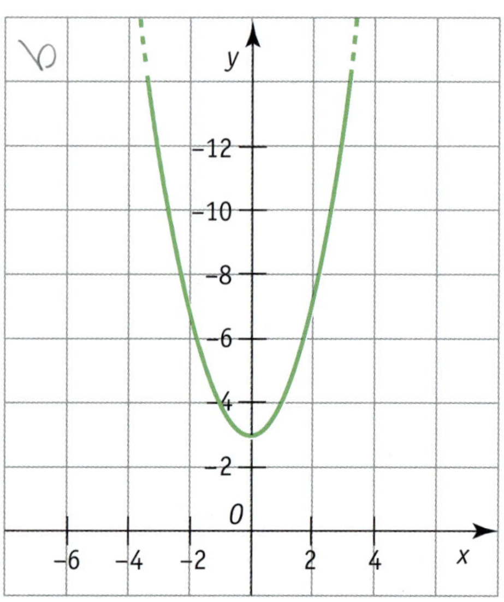

D.
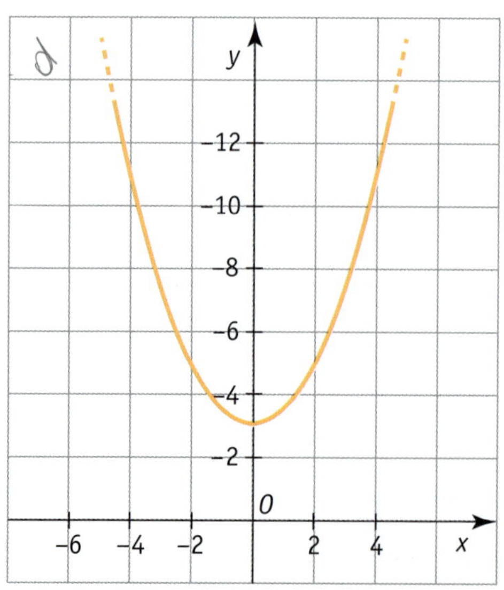

D40 **Il grafico in figura rappresenta l'andamento del guadagno giornaliero in euro di un'azienda vinicola in funzione dei litri di vino venduti.**

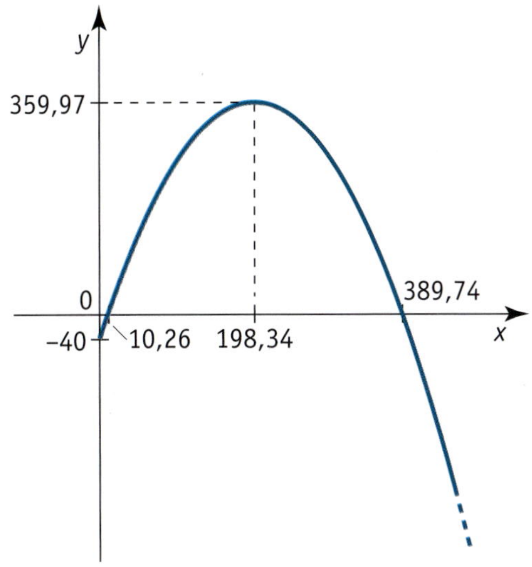

1. Per quali valori di x l'azienda è in perdita?

   A Per $0 < x < 10{,}26$ e $x > 389{,}74$

   B Per $10{,}26 < x < 389{,}74$

   C Per $x > 389{,}74$

   D Per $0 < x < 10{,}26$

2. Se l'azienda non vende vino qual è il suo guadagno?

   A Perde 40 euro

   B Perde 10,26 euro

   C Perde 389,74 euro

   D Perde 198,34 euro

DOMANDE SPECIFICHE PER IL LICEO SCIENTIFICO

D1 **È dato un mazzo da 52 carte. Si estraggono senza guardare prima una carta e poi un'altra.**

1. Completa il diagramma ad albero che descrive la situazione (calcola i valori delle probabilità).

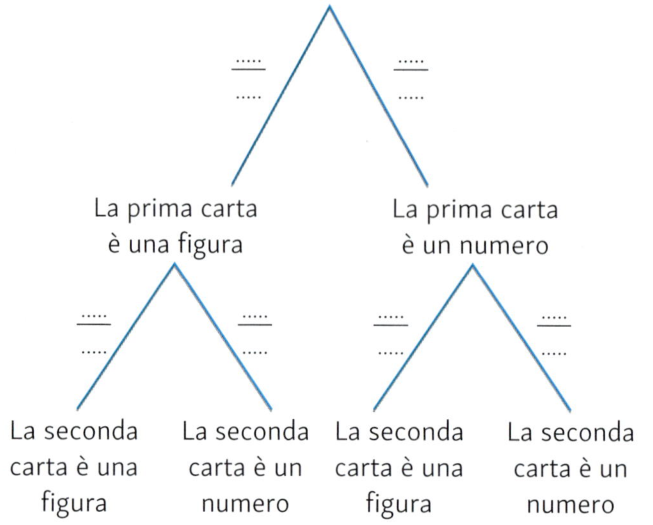

2. Qual è la probabilità che al termine delle due estrazioni si siano ottenuti un numero e una figura?

A $2 \cdot \left(\frac{12}{52} \cdot \frac{40}{51} \right)$

B $\frac{12}{52} \cdot \frac{40}{51}$

C $2 \cdot \left(\frac{12}{52} + \frac{40}{51} \right)$

D $\frac{12}{52} + \frac{40}{51}$

D2 **Un macchinario che produce bulloni ha una probabilità del 98% di realizzare pezzi non difettosi. Qual è la probabilità che estraendo a caso 10 bulloni se ne trovino 4 difettosi?**

A $\binom{4}{10} \cdot 0{,}02^4 \cdot 0{,}98^6$

B $\binom{10}{4} \cdot 0{,}98^4 \cdot 0{,}02^6$

C $\binom{10}{4} \cdot 0{,}02^4 \cdot 0{,}98^6$

D $\binom{4}{10} \cdot 0{,}98^4 \cdot 0{,}02^6$

D3 **Un geometra deve calcolare la distanza tra due case separate da un grattacielo, quindi non visibili l'una con l'altra. Il geometra si posiziona in un punto *P* che dista 36 m e 48 m dalle due case. L'angolo formato dal geometra con le due case è di circa 75°.**
Quanto distano i due edifici? (Approssima il risultato all'unità.)

Risposta: ..... m

D4 **Un piano α ha equazione $2x - y + 3z = 0$.**
Indica se ciascuna delle seguenti affermazioni è vera (V) o falsa (F).

a. Il piano α è parallelo al piano α' di equazione $6x - 3y + 9z - 4 = 0$ V F

b. Il piano α passa per l'origine V F

c. Il piano α passa per il punto $P(1, -1, 3)$ V F

d. Il piano α è perpendicolare al piano α' di equazione $6x - 3y - 5z + 1 = 0$ V F

D5 **Siano $z_1 = 2 - 3i$ e $z_2 = 2 + 3i$ due numeri complessi .**
Indica se ciascuna delle seguenti affermazioni è vera (V) o falsa (F).

a. La somma tra z_1 e z_2 è un numero reale V F

b. z_1 è l'opposto di z_2 V F

c. Il prodotto tra z_1 e z_2 è un numero immaginario V F

d. La differenza tra z_1 e z_2 è un numero reale V F

D6 **Considera la funzione $y = \cos x$.**
Quante soluzioni ha l'equazione $\cos x = x^3$?

A Due soluzioni, una compresa tra -1 e $-\frac{1}{2}$ e una compresa tra $\frac{1}{2}$ e 1

B Una sola soluzione compresa tra $\frac{1}{2}$ e 1

C Infinite soluzioni perché $y = \cos x$ è una funzione periodica

D Nessuna soluzione perché $y = \cos x$ è una funzione limitata

D7 **Nel grafico è rappresentata la funzione $f(x) = 3x^2 - 5x + 1$ e la retta tangente a f nel suo punto di ascissa 2.**

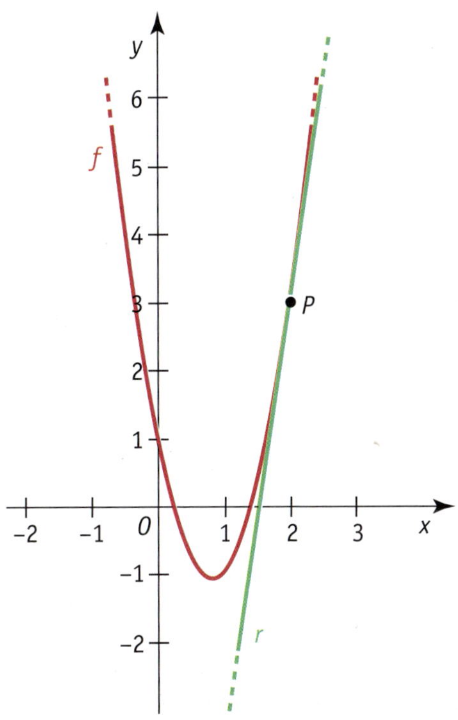

Qual è il coefficiente angolare m della retta r?

A $m = 7$

B $m = 3$

C $m = -5$

D $m = -1$

D8 **Il grafico in figura rappresenta la funzione $f(x) = \log_2 x$.**
Come si ottiene il grafico della funzione $g(x) = -\log_2(x + 1)$?

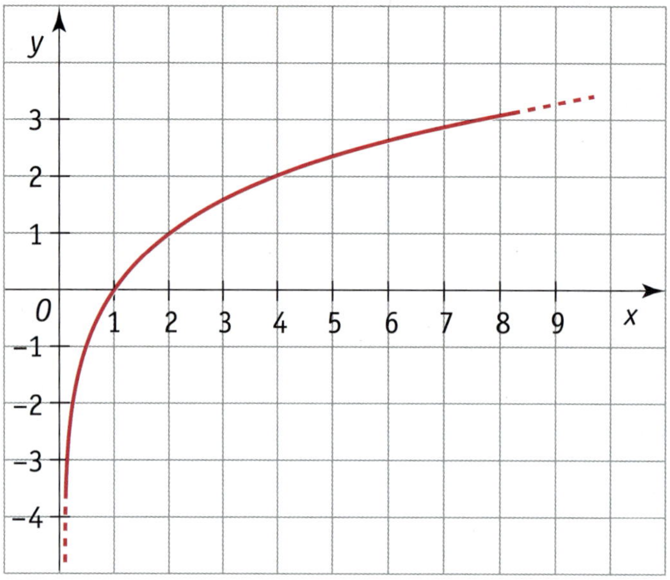

A Si applica al grafico di f la simmetria rispetto all'asse x e dopo si esegue la traslazione verso destra di 1 unità

B Si applica al grafico di f la simmetria rispetto all'asse y e dopo si esegue la traslazione verso sinistra di 1 unità

C Si applica al grafico di f la simmetria rispetto all'asse y e dopo si esegue la traslazione verso destra di 1 unità

D Si applica al grafico di f la simmetria rispetto all'asse x e dopo si esegue la traslazione verso sinistra di 1 unità

DOMANDE SPECIFICHE PER GLI ISTITUTI TECNICI

D1 In una squadra di pallavolo maschile sono stati registrati l'altezza X in cm e il peso Y in kg dei giocatori.

1. Completa la tabella con le distribuzioni marginali di X e Y.

X \ Y	85	92	98	100	Totale
198	1	2	1	0	4
200	1	2	0	0	3
202	0	1	1	0	2
206	0	0	1	2	3
208	0	0	1	1	2
Totale	2	5	4	3	14

2. Quanti giocatori sono alti 200 cm?

Risposta: 3 giocatori

3. Quanti giocatori sono stati intervistati?

A 20 B 14 C 5 D 4

D2 Osserva la tabella in figura che indica il prodotto interno lordo (PIL) di alcuni Paesi nel 2017.

Paesi	PIL (migliaia di miliardi di dollari statunitensi)	Popolazione (milioni di abitanti)
Italia	1,94	59,4
Francia	2,58	65,0
Germania	3,68	82,1
Giappone	4,87	127,5

Indica se ciascuna affermazione è vera (V) o falsa (F).

a. Il Giappone è il Paese con il PIL più alto, di conseguenza anche il reddito pro capite è maggiore rispetto agli altri Paesi V F

b. L'Italia è il Paese con il PIL più basso, di conseguenza anche il reddito pro capite è minore rispetto agli altri Paesi V F

c. L'Italia è il Paese con il reddito pro capite minore V F

d. La Germania ha un reddito pro capite di circa 45000 dollari V F

D3 In un triangolo isoscele ABC i lati obliqui AB e AC sono lunghi 10 cm e gli angoli alla base sono ampi 35°. Qual è la lunghezza della base BC? (Approssima a due cifre dopo la virgola.)

Risposta: 16,38 cm

D4 Qual è la soluzione dell'equazione $3^x = 2$?

A $x = \dfrac{\ln 2}{\ln 3}$

B non ha soluzioni perché 2 non si può esprimere come potenza di 3

C $x = \sqrt[3]{2}$

D $x = \dfrac{\sqrt[3]{2}}{3}$

D5 **Qual è la soluzione della disequazione $2\cos x > 3$?**

A $\forall x \in \mathbb{R}$

B $\nexists x \in \mathbb{R}$

C $-\arccos\left(\frac{3}{2}\right) < x < \arccos\left(\frac{3}{2}\right)$

D $x < -\arccos\left(\frac{3}{2}\right) \vee x > \arccos\left(\frac{3}{2}\right)$

D6 **In matematica finanziaria il regime di capitalizzazione composta prevede che gli interessi maturati al termine di ogni periodo si aggiungano al capitale investito inizialmente e che il nuovo capitale maturerà gli interessi per il periodo successivo.**
L'ammontare finale del capitale iniziale sommato a tutti gli interessi maturati si chiama montante. La formula che descrive il montante *M* in funzione del tasso di interesse *i* e del capitale *C* investito per un tempo *t* è la seguente:

$$M = C(1+i)^t$$

1. Se si investono 1000 euro a un tasso annuale dell'1,5% quale somma si potrà ritirare tra due anni?
Risposta: .... euro

2. Quale espressione permette di calcolare il tempo t conoscendo M, C, i?

A $t = \sqrt{\frac{M}{C}} - (1+i)$

B $t = \sqrt{\frac{M}{C(1+i)}}$

C $t = \frac{\log M - \log C}{\log(1+i)}$

D $t = \log\left(\frac{M}{C}\right) - \log(1+i)$

D7 **In una piramide regolare a base quadrata lo spigolo laterale ha lunghezza l e forma un angolo α con la diagonale di base d.**
Quanto è lunga la diagonale d?

A $d = l \cdot \cos\alpha$

B $d = 2 \cdot l \cdot \sin\alpha$

C $d = l \cdot \sin\alpha$

D $d = 2 \cdot l \cdot \cos\alpha$

D8 **È data la funzione $f(x, y) = 2x^3 - 5x^2y^3 - 7y$**
Qual è la derivata parziale di f rispetto a x?

A $6x^2 - 10xy^3 - 7y$

B $6x^2 - 10xy^3$

C $6x^2 - 10x$

D $6x^2 - 30xy^2 - 7$

Simulazione 2

D1 **Carlo sta partecipando a una gara di corsa. Tra la partenza e l'arrivo si trova un punto di ristoro che dista 20 km dalla partenza e 15 km dall'arrivo. Carlo si trova esattamente a metà strada.**

1. Carlo ha già superato il punto di ristoro?

   Risposta: NO

2. Quanto è distante Carlo dal punto di ristoro?

   Risposta: 2500 m

D2 **Osserva i grafici delle funzioni f e g.**

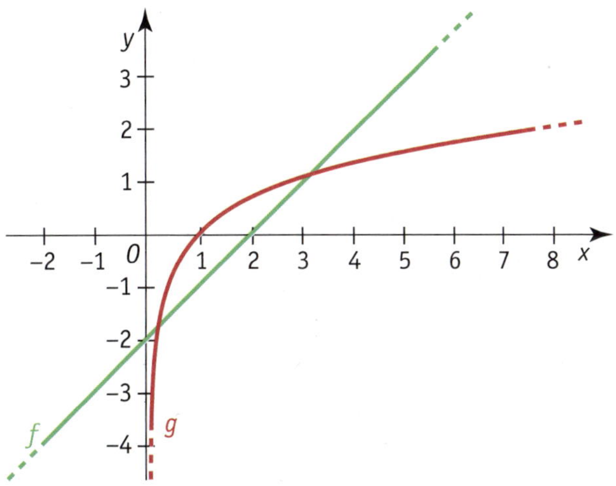

Facendo riferimento all'intervallo rappresentato, stabilisci quale tra le seguenti affermazioni è falsa.

A Le funzioni si intersecano in due punti nell'intervallo $-2 < x < 6$.

B Le funzioni f e g sono monotone crescenti.

C La funzione g è negativa per $x < 0$.

D La funzione f è definita su tutto l'intervallo rappresentato.

D3 **Carlo prepara per una sagra 40 kg di pastella. I sacchetti da quattro frittelle costano 2,50 euro l'uno, mentre quelli da sei frittelle costano 3,50 euro. Nella ricetta c'è scritto che con 2 kg di pastella si fanno circa 60 frittelle. A fine serata Carlo ha in cassa 730 euro e ha finito tutto l'impasto. Quale tra i seguenti sistemi permette di calcolare il numero x di sacchetti da quattro frittelle venduti e il numero y di sacchetti da sei?**

A $\begin{cases} 2{,}50x + 3{,}50y = 730 \\ 4x + 6y = 1200 \end{cases}$

B $\begin{cases} 2{,}50x + 3{,}50y = 730 \\ 4x + 6y = 60 \end{cases}$

C $\begin{cases} 10x + 14y = 730 \\ 2{,}50x + 3{,}50y = 730 \end{cases}$

D $\begin{cases} 2{,}50x + 3{,}5y = 730 \\ x + y = 1200 \end{cases}$

D4 **Giulio deve fare una ricerca sull'altezza media degli alberi nel parco cittadino. Arriva in prossimità del cipresso raffigurato e posiziona un puntatore laser nel punto *P*, all'estremità di un muretto. Dal punto *P* Giulio osserva la cima del cipresso sotto un'angolazione di 22° e con il puntatore laser stabilisce che la distanza tra lui e la cima dell'albero è di 8 m. Quale delle seguenti formule permette a Giulio di calcolare l'altezza del cipresso?**

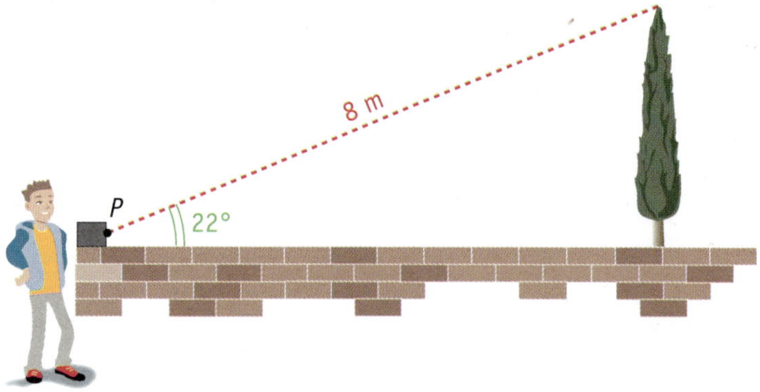

A $h = 8 \cdot \cos 22°$

B $h = \dfrac{8}{\cos 22°}$

C $h = 8 \cdot \sin 22°$

D $h = \dfrac{8}{\sin 22°}$

D5 **Utilizzando i dati in figura** *(fonte Istat)* **indica se ciascuna affermazione è vera (V) o falsa (F).**

Rifiuti urbani raccolti pro capite e percentuale di raccolta differenziata per regione. Anno 2016

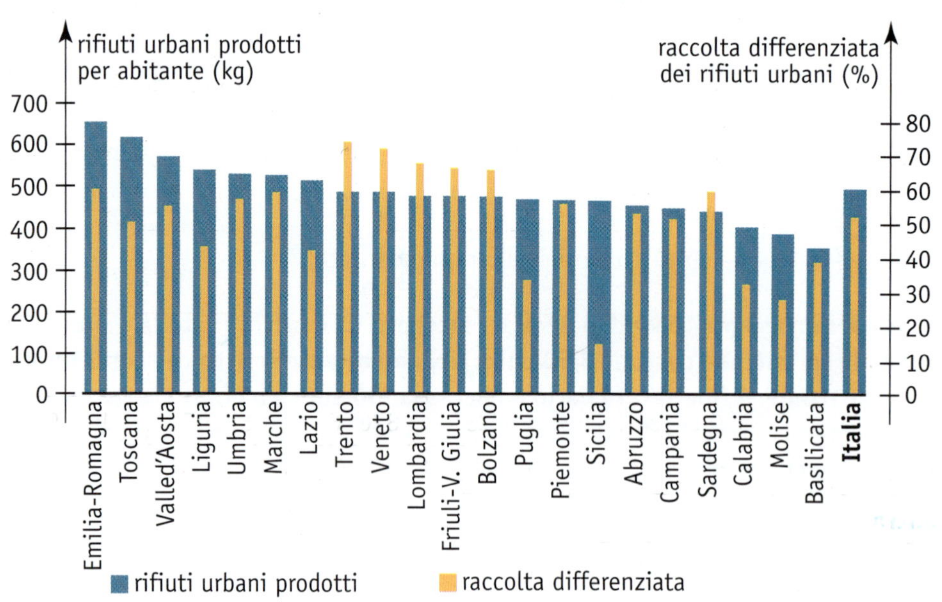

Nel 2016:

a. tutte le regioni differenziano almeno il 40% dei rifiuti prodotti. V F

b. nella provincia di Trento i rifiuti differenziati superano i 500 *kg* per abitante. V F

c. in Emilia-Romagna la quantità di rifiuti prodotti pro capite è più alta rispetto a qualsiasi altra regione. V F

d. in quasi tutte le regioni italiane si differenzia almeno il 30% dei rifiuti. V F

D6 **Per quali valori di k l'equazione $\ln\left(\frac{1}{x}\right) = k$ ammette soluzioni?**

A Se $k \neq 0$

B Se $k \geq 0$

C Se $k > 0$

D Per ogni k nell'insieme dei numeri reali

D7 **Il grafico rappresenta la relazione tra la densità dell'acqua e la sua temperatura. Indica se ciascuna delle affermazioni seguenti è vera (V) o falsa (F).**

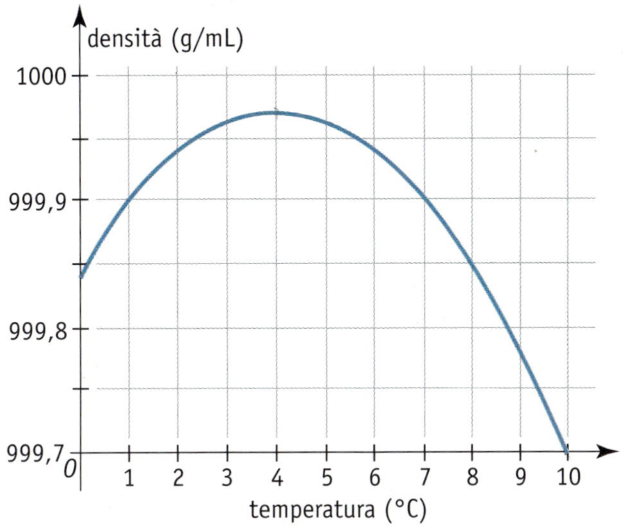

a. La densità dell'acqua aumenta tra 0 e 2 gradi. V F

b. La densità è nulla quando l'acqua ha temperatura di 10 °C. V F

c. L'acqua ha densità di 999,9 g/mL sia a 1 °C che a 7 °C. V F

d. L'acqua a 4 °C ha la densità maggiore nell'intervallo di temperatura rappresentato. V F

D8 **Nella tabella sono riportati i dati relativi alla distribuzione di alunni e insegnanti nella scuola secondaria di primo grado in Italia nel 2011.**

Aree geografiche	Scuole	Classi	Alunni (compresi i ripetenti)		Ripetenti		Insegnanti
			Maschi e femmine	Femmine	Maschi e femmine	Femmine	
ITALIA	7939	82446	1727339	826869	51407	16199	212041
Nord	3381	33131	711292	339508	19615	5679	86312
Centro	1358	14656	312700	150098	8066	2508	36570
Sud	3200	34659	703347	337263	23726	8012	89159

(fonte: Prova INVALSI 2011)

Basandoti sui dati in tabella, indica se le seguenti affermazioni sono vere (V) o false (F).

a. In centro Italia i ripetenti sono meno del 5% degli studenti. V F

b. Al nord le ragazze ripetenti sono meno del 50% dei ripetenti totali. V F

c. La probabilità che uno studente sia ripetente è circa del 30%. V F

d. Il numero di classi è direttamente proporzionale al numero di scuole. V F

D9 **La tabella rappresenta il numero di viaggi (in migliaia) con pernottamento intrapresi dagli Italiani nei quattro trimestri del 2017.** *(Fonte Istat)*
Indica se ciascuna delle seguenti affermazioni è vera (V) o falsa (F).

Trimestre	Vacanza di 1-3 notti	Vacanza di 4 o più notti	Viaggio di lavoro	Totale
Gennaio-marzo	6024	4025	1728	11778
Aprile-giugno	9315	4949	1460	15724
Luglio-settembre	7240	19380	759	27379
Ottobre-dicembre	5411	4297	1757	11466
TOTALE	27991	32652	5704	66347

a. Più del 50% dei viaggi di quattro o più notti è stato fatto nel terzo trimestre dell'anno. V F
b. Il numero dei viaggi di lavoro è inferiore al numero di viaggi fatti per motivi di svago indipendentemente dal trimestre scelto. V F
c. I viaggi di lavoro non superano in nessun trimestre il 10% del totale dei viaggi. V F
d. Tra luglio e settembre si registra un calo dei viaggi di lavoro. V F

D10 **Osserva il grafico in figura, che riporta valori percentuali, e seleziona l'affermazione corretta.** *(Fonte Istat)*

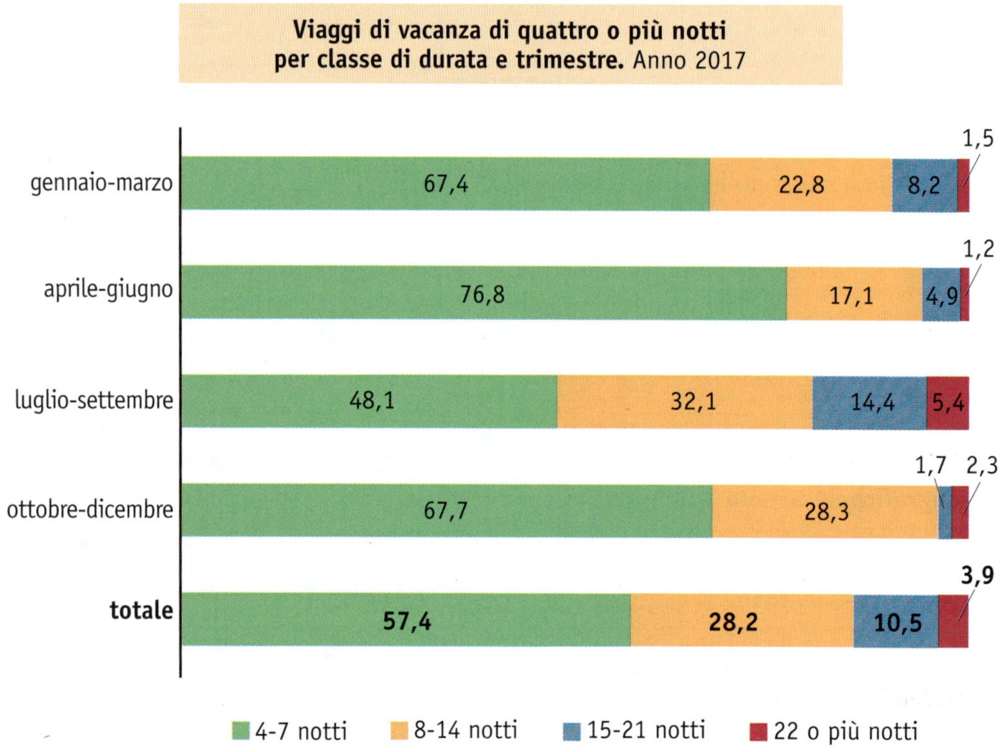

A La maggior parte dei viaggi di più di quattro notti intrapresi nel 2017 non dura più di sette giorni.
B I viaggi di più di 22 notti sono in ogni trimestre la categoria con la frequenza minore.
C Indipendentemente dal trimestre, i viaggi che vanno da quattro a sette notti sono di più rispetto a quelli di più di sette notti.
D Nel quarto trimestre dell'anno i viaggi tra le quattro e le sette notti sono il doppio rispetto ai viaggi che durano più di sette notti.

D11 **Quale tra le funzioni seguenti è rappresentata dal grafico in figura?**

A $f(x) = \frac{1}{x}$

B $f(x) = x^2$

C $f(x) = 1 + x$

D $f(x) = x^3$

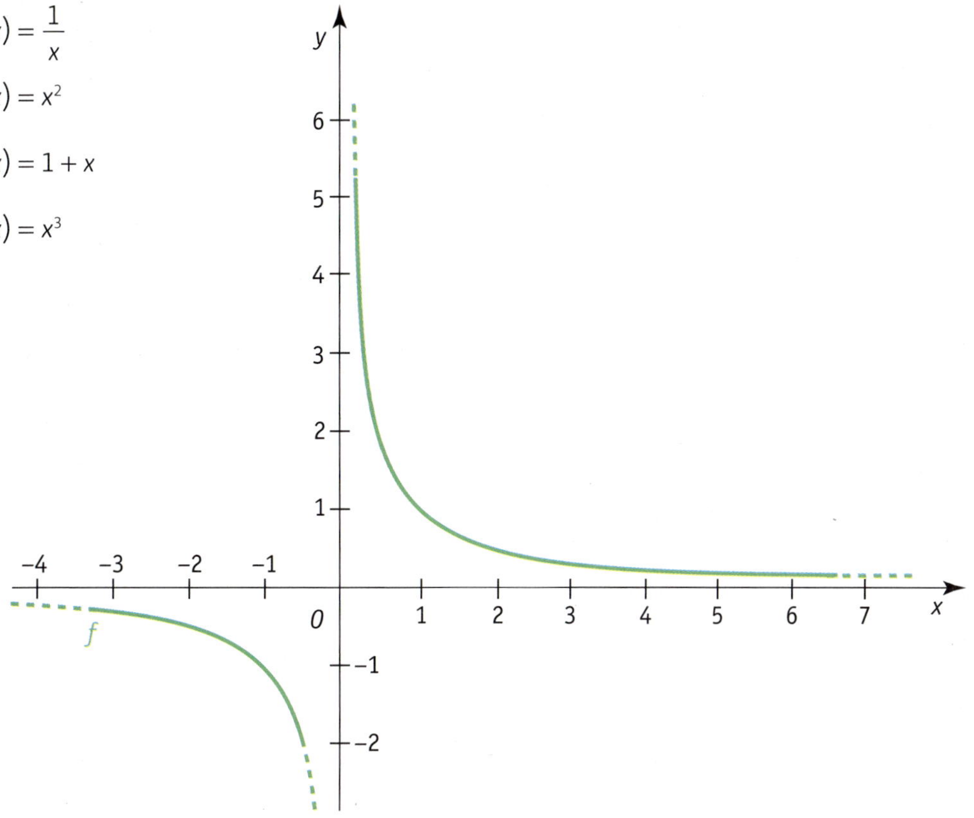

D12 **Si sa che un meteorite colpirà la superficie terrestre (510100000 km²). Se non si sa nulla sul luogo di impatto, qual è la probabilità, approssimata ai centesimi, che il meteorite colpisca l'Italia (301388 km²)?**

A 16,94%

B 0,06%

C 3%

D 0,6%

D13 **I parcheggi di un Comune della riviera ligure creano frequenti difficoltà ai turisti, per la lunga serie di istruzioni riportate a lato del parchimetro.**

Tariffe dal 01/06 al 30/09 h 08:00-22:00 Non residenti **€ 1,80/h** Residenti "R" **€ 0,30/h** Lavoratori "D" **€ 0,80/h**	**Tariffe dal 01/10 al 31/10 e dal 01/04 al 31/05 h 08:00-20:00** **NEI GIORNI FESTIVI E PREFESTIVI** Non residenti **€ 1,00/h** Residenti "R" **€ 0,30/h** Lavoratori "D" **€ 0,80/h** **NEI GIORNI RIMANENTI** Non residenti **€ 0,50/h** Residenti "R" **€ 0,30/h** Lavoratori "D" **€ 0,40/h**
IL PARCHEGGIO È GRATUITO NEI PERIODI NON INDICATI.	

Quanto spende il turista che parcheggia a metà ottobre dalle 8 di venerdì alle 20 di sabato?

A 19,20 euro

B 18 euro

C 24 euro

D 33,6 euro

D14 La funzione $f(x)$ è positiva per $2 < x < 3$, è crescente per $x < 2$ e ha tre zeri. Individua il suo grafico tra i seguenti.

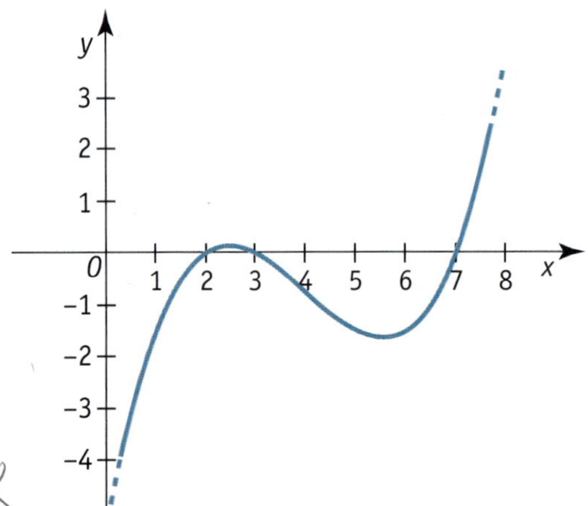

A

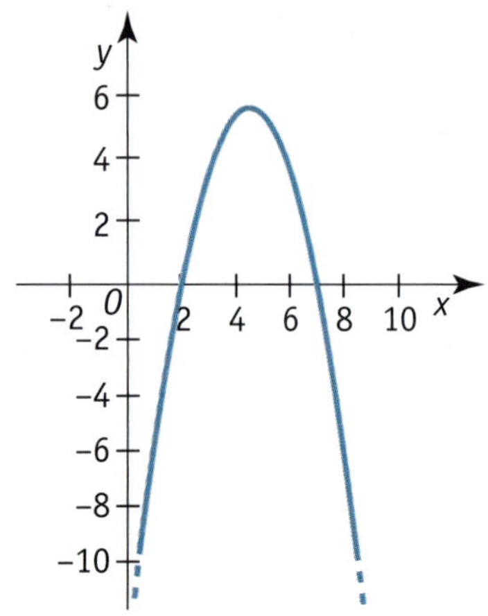

C

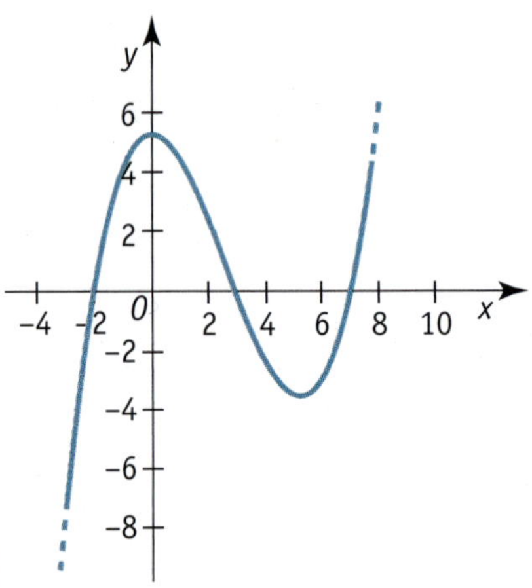

B

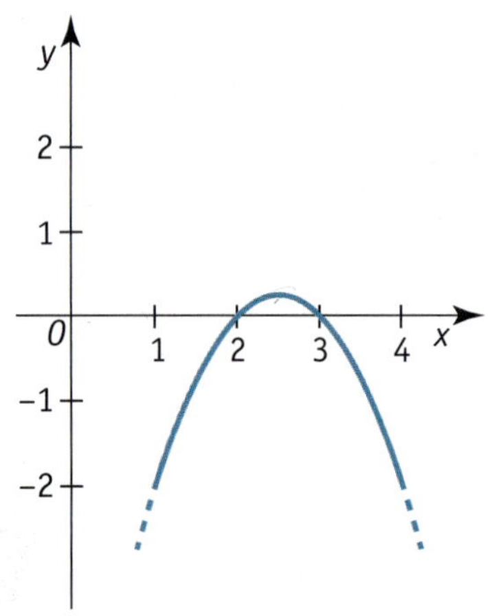

D

D15 Si vuole dimostrare che:

"Se il numero intero n è divisibile per 6 allora il quadrato di n si può scrivere come prodotto di due numeri interi, uno multiplo di 4 e l'altro multiplo di 9."

Completa il testo della dimostrazione scegliendo tra i seguenti termini, ognuno dei quali può essere utilizzato una sola volta:

$(2 \cdot 3)k$, multiplo, $2^2 \cdot 3^2 \cdot k^2$, intero, $6k$, multiplo, $2 \cdot 3 \cdot k$, $2 \cdot 3$

Sia n divisibile per 6. Allora $n =$ ....6K.... con k numero ....intero.... Siccome $6 =$ ....2 · 3...., si può scrivere $n =$ ....(2 · 3)K.... Segue che $n^2 = ($....2 · 3 · K....$)^2$, quindi $n^2 =$ ....$2^2 \cdot 3^2 \cdot K^2$....

Si ottiene che il quadrato di n si può scrivere come prodotto di due numeri, 2^2 e $3^2 \cdot k^2$ ad esempio, il primo ....multiplo.... di quattro e il secondo ....multiplo.... di nove.

D16 **A Cuneo vengono intervistate 36 persone in relazione alle ore di attività sportiva praticate settimanalmente.**
9 degli intervistati non praticano sport, 9 lo praticano per 1-2 ore a settimana, 5 per 2-4 ore a settimana, 5 per 4-6 ore a settimana e 8 per 6-8 ore.
Quante sono in media le ore di sport praticate dagli intervistati?

A 1-2 ore

B 2-4 ore

C 4-6 ore

D 6-8 ore

D17 **L'orecchio umano percepisce note differenti in funzione della frequenza dei suoni. La relazione tra una nota e la sua frequenza misurata in Hertz (Hz) si esprime tramite la relazione**

$$f = 2^{\frac{n}{12}} \cdot \bar{f}$$

Dove $\bar{f}$ è la frequenza del *La*, ossia 440 Hz, e n è il numero di semitoni di distanza dal *La* (ad esempio il *Si* è a due semitoni dal *La*).
Indica se ciascuna affermazione è vera (V) o falsa (F).

a. f è crescente al variare di n in $\mathbb{N}$. V F

b. Per calcolare la frequenza della nota Si bisogna porre $n = 2$ nella funzione f. V F

c. Il rapporto tra f e $\bar{f}$ è un multiplo intero di 2. V F

d. La differenza tra due frequenze è $f - \bar{f} = 2^{\frac{n}{12}}$. V F

D18 **Marco gioca alle slot machine puntando un euro alla volta. Nel gioco che sceglie ci sono tre ruote che girano, ognuna con alcuni simboli disegnati sopra.**
Nella tabella per ogni simbolo è indicato il numero di volte in cui esso è disegnato sulla ruota di appartenenza.

	Ruota A	Ruota B	Ruota C
Ciliegia	6	3	5
Pistola	3	1	4
Stella	4	1	4
Quadrifoglio	1	9	1

Si vincono 50 euro solo se escono tre quadrifogli, altrimenti non si vince nulla.

1. Qual è la probabilità che esca il quadrifoglio sulla seconda ruota?

A Minore del 5%

B Compresa tra 5% e 10%

C Compresa tra il 10% e il 50%

D Maggiore del 50%

2. Qual è la probabilità che escano tre quadrifogli?

A Minore dell'1%

B Esattamente dell'11%

C Circa uguale al 26%

D Maggiore del 50%

D19 Maria vuole cambiare il colore alle pareti del soggiorno e della camera da letto. Vuole tingere il soggiorno di giallo, mentre per la camera da letto sceglie il verde. L'altezza dei muri è la stessa in tutta la casa. La pianta delle due stanze è rappresentata nella figura.

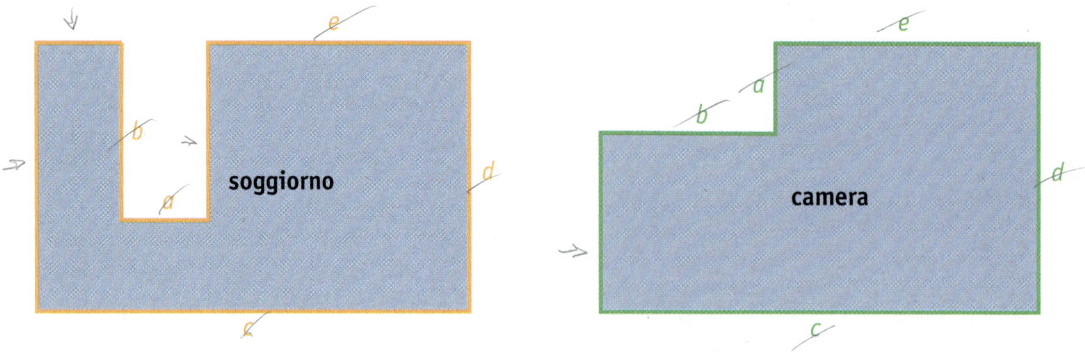

1. Che cosa si può dire sulla spesa per la tinta?
   - A La spesa per la tinta gialla è maggiore della spesa per la tinta verde.
   - B La spesa per la tinta gialla è minore della spesa per la tinta verde.
   - C La spesa per la tinta gialla è uguale alla spesa per la tinta verde.
   - D Non possiamo stabilire la spesa senza avere la misura esatta delle pareti.

2. Se Maria volesse cambiare anche i pavimenti di entrambe le stanze, che cosa possiamo dire sulla spesa per le mattonelle?
   - A La spesa per le mattonelle del soggiorno è uguale alla spesa per le mattonelle della camera da letto.
   - B La spesa per le mattonelle del soggiorno è maggiore della spesa per le mattonelle della camera da letto.
   - C La spesa per le mattonelle del soggiorno è minore della spesa per le mattonelle della camera da letto.
   - D Non possiamo stabilire la spesa senza avere la misura esatta delle pareti.

D20 Nel grafico è rappresentato l'andamento della frequenza cardiaca di Lucia, misurata in battiti al minuto, al variare della velocità della corsa.

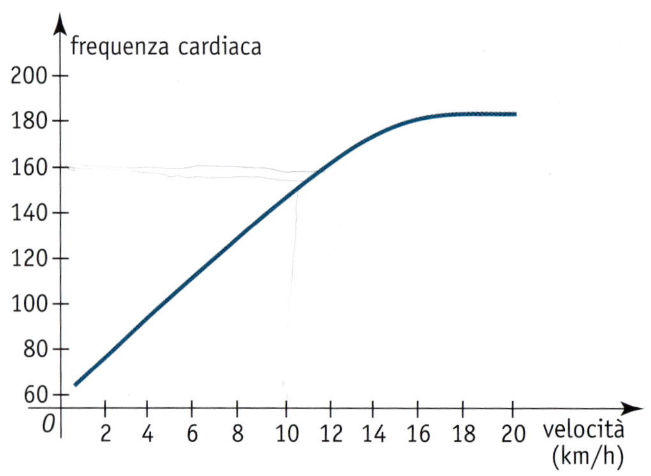

1. **Quando Lucia corre a circa 10 km/h, qual è la sua frequenza cardiaca in battiti al minuto?**
   - A 2
   - B 60
   - C 140
   - D 180

2. La frequenza cardiaca di Lucia non deve superare i 160 battiti al minuto. Qual è la velocità massima a cui può correre?

- A 8 km/h
- B 12 km/h
- C 18 km/h
- D Nessuna delle precedenti

D21 Si hanno i valori 8 0 4 2 4 *x*.
Quale valore deve assumere *x* affinché la mediana sia 2?

- A 0
- B 1
- C 4
- D Nessuno dei precedenti

D22 In quale intervallo la disequazione $3^{2x^2-2} - 3^{-3x} < 0$ è verificata?

- A $-2 < x < \frac{1}{2}$
- B $-\frac{1}{2} < x < 2$
- C $x < -2$ e $x > -\frac{1}{2}$
- D $-1 < x < 1$

D23 Al cameriere di un ristorante viene richiesta la fattura per un pranzo di lavoro. Il conto totale è di 46 euro, che deve essere ripartito tra costo del pranzo e IVA del 10%.

1. Quale tra le seguenti equazioni permette di calcolare il costo del pranzo IVA esclusa?

- A $x = \frac{46 \cdot 10}{100}$
- B $x + 110x = 46$
- C $x + \frac{x}{10} = 46$
- D $x + 10 = 46$

2. Completa la fattura sottostante indicando il costo del menu del giorno, il costo del pranzo IVA esclusa, cioè il cosiddetto "imponibile", e l'IVA.

Quantità	Descrizione	Totale
1	Menu del giorno	21,4
1	Menu vegetariano	20,00
	Importo dovuto	46,00
	IVA 10%	4,6
	Imponibile	41,4

D24 **In figura è rappresentata una volta a crociera su pianta quadrata.**

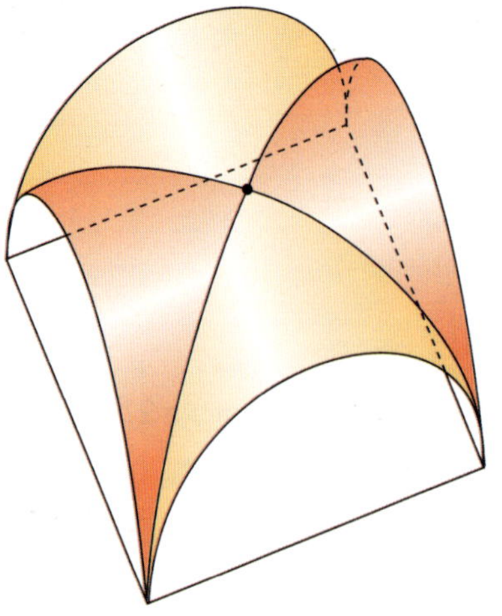

Questo tipo di volta si costruisce intersecando due semicilindri. L'area della superficie laterale di ciascuno dei semicilindri misura $x^2 \cdot \frac{\pi}{2}$. Quanto è alta la volta?

A $\frac{x}{2}$

B x

C πx

D π

D25 **Osserva il grafico e indica se ciascuna delle affermazioni seguenti è vera (V) o falsa (F) nell'intervallo rappresentato.**

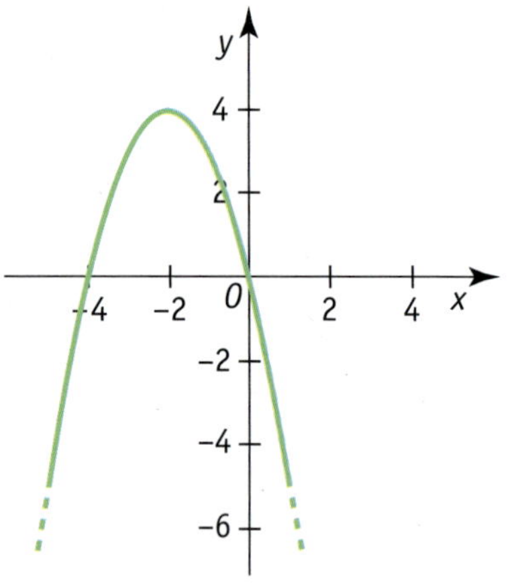

a. La funzione ha due zeri in $x = 0$ e $x = -4$. V F

b. La funzione è negativa per $x > 0$. V F

c. Se $y = 4$ si ha $f^{-1}(x) = -2$. V F

d. Se $x > 2$ allora $f(x) > 0$. V F

D26 **Giulia sta progettando una pedana a base rettangolare come in figura, per facilitare la salita su un marciapiede alto *h*.**
Che cosa accade all'aumentare del rapporto $\frac{h}{l}$?

A La pedana diventa più ripida.

B La pedana diventa meno ripida.

C Aumenta la superficie della pedana.

D Aumenta l'area della base d'appoggio.

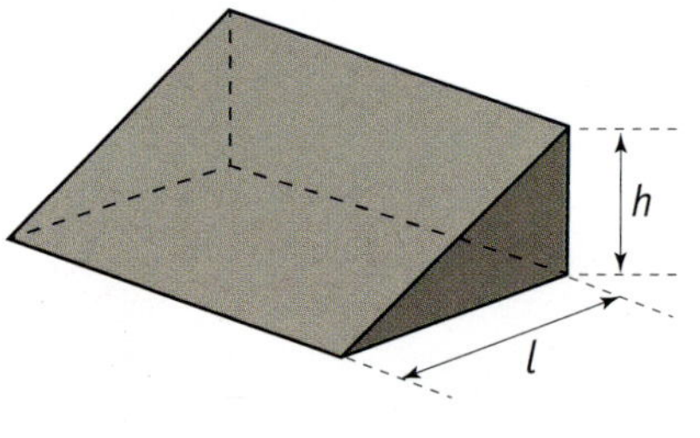

D27 **A Bianca piace prendere il sole per qualche minuto prima di pranzare, e stamattina prima di uscire di casa si chiede dove sia meglio posizionare la sdraio. Nel suo giardino c'è un albero di limoni alto 4 m e Bianca pensa che sia sufficiente stare ad almeno 2 metri di distanza da esso per non venire toccata dall'ombra.**

1. Sapendo che Bianca è alta 1,50 m e che la sua ombra alle 13 è lunga 0,81 m, la posizione scelta per la sdraio è corretta?

   Risposta: NO

2. Qual è la lunghezza dell'ombra creata dall'albero di limoni?

   Risposta: 2,16 metri

D28 **Quante soluzioni ha l'equazione $(x-3)(x+k)(x-1)=0$ con k intero?**

- **A** Ha sempre tre soluzioni distinte.
- **B** Ha due o tre soluzioni distinte, a seconda del valore assunto da k.
- **C** C'è una sola incognita, quindi esiste una sola soluzione.
- **D** Il numero di soluzioni varia tra uno e tre al variare di k.

D29 **Un comune ha deciso di monitorare il consumo di acqua per abitante dividendo la città in tre zone. In tabella è riportato il numero di abitanti suddiviso in base ai litri consumati giornalmente e alla zona di appartenenza. Il numero di litri consumati per abitante è indicato con *x*, mentre le zone in cui è stato suddiviso il comune sono indicate con A, B, C.**
Indica se le affermazioni seguenti sono vere (V) o false (F).

Litri consumati	Abitanti zona A	Abitanti zona B	Abitanti zona C
$0 \leq x < 150$	1427	1503	332
$150 \leq x < 200$	4074	6039	4029
$200 \leq x < 300$	5234	5222	4300
$300 \leq x < 500$	2035	1090	1100

a. La moda relativa al consumo d'acqua per abitante nella zona A è rappresentata dalla classe $200 \leq x < 300$. V F

b. Se si calcola la moda nelle diverse zone del comune la classe non cambia. V F

c. Se si prende a caso un abitante della zona A, la probabilità che consumi più di 150 litri d'acqua sarà circa dell'89%. V F

d. Nella zona C la probabilità che un abitante consumi più di 150 litri d'acqua al giorno è inferiore al 10%. V F

D30 **Il rettangolo in figura ha altezza di 5 cm e area uguale a 35 cm². Quanto misura l'area di ciascuno dei triangoli in figura in funzione di *x*?**

- **A** $\dfrac{35}{10}x$
- **B** $\dfrac{5 \cdot (7-x)}{2}$
- **C** $5 \cdot (7-x)$
- **D** $\dfrac{35-7x}{2}$

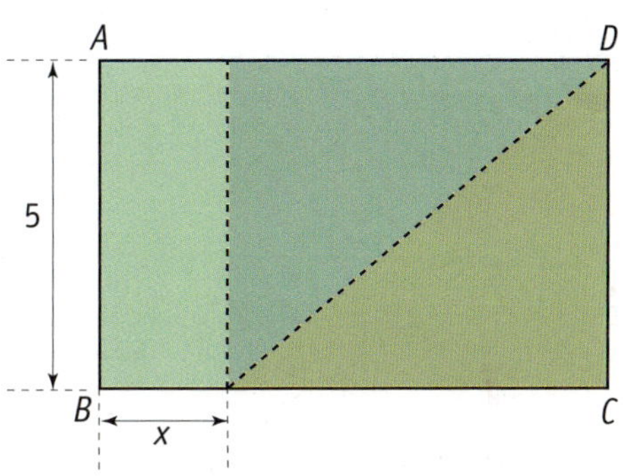

D31 **I triangoli *ACD* e *ABC* sono inscritti nella circonferenza di centro *O*. Indica se ciascuna delle seguenti affermazioni è vera (V) o falsa (F).**

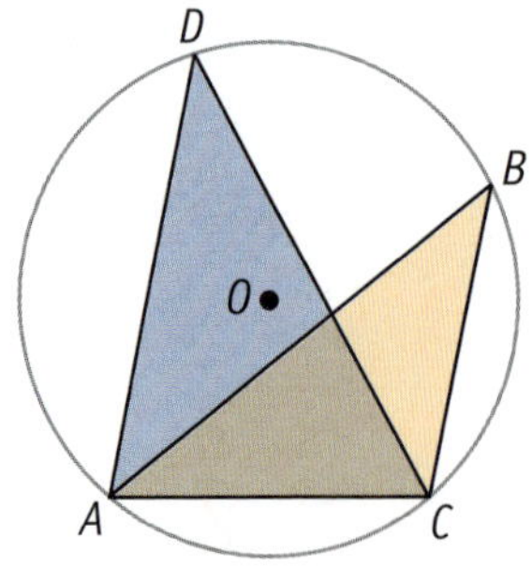

a. $A\hat{D}C = A\hat{B}C$ perché i due angoli insistono sullo stesso arco. V F

b. I triangoli *ACD* e *ABC* sono simili perché sono entrambi triangoli inscritti nella circonferenza di centro *O* e insistono sullo stesso arco. V F

c. I triangoli *ACD* e *ABC* hanno la stessa base, quindi le loro aree sono equivalenti. V F

d. Vale la relazione $2A\hat{D}C = A\hat{O}C$. V F

D32 **Un'auto viaggia alla velocità costante di 90 km/h. Quale dei seguenti grafici rappresenta lo spazio percorso in funzione del tempo?**

A
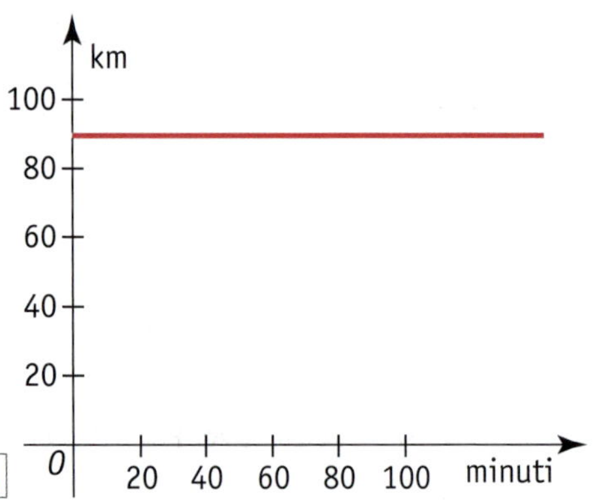

C
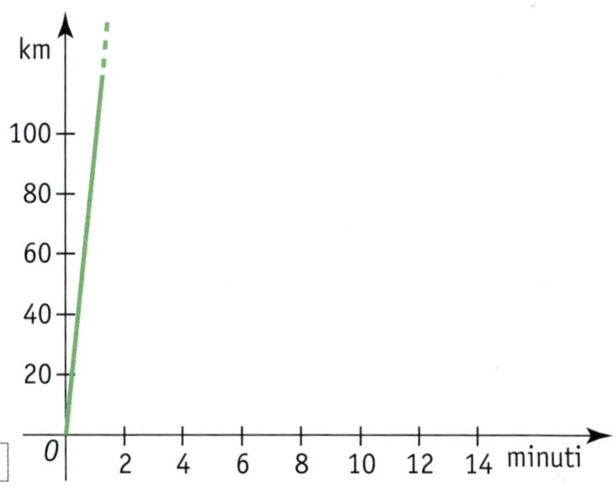

B
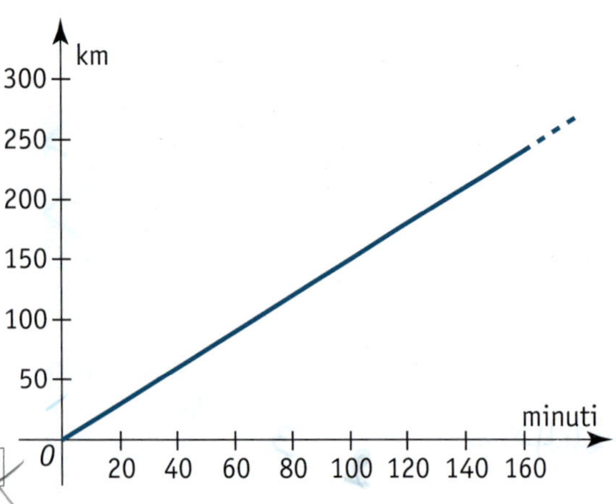

D
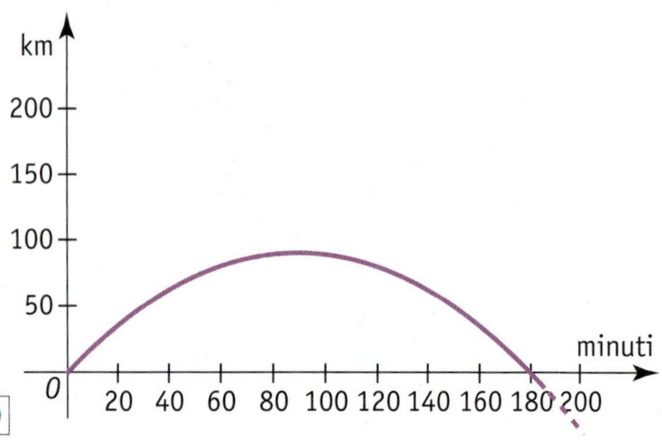

D33 **Che valore assume l'espressione $3x - 2$ se $x = \frac{1}{2}$?**

A $-0{,}5$

B -2

C $-\frac{3}{2}$

D 2

D34 **La figura riporta l'andamento della massa ossea in funzione dell'età, in blu per gli uomini e in rosso per le donne. Indica se ciascuna delle affermazioni seguenti è vera (V) o falsa (F).**

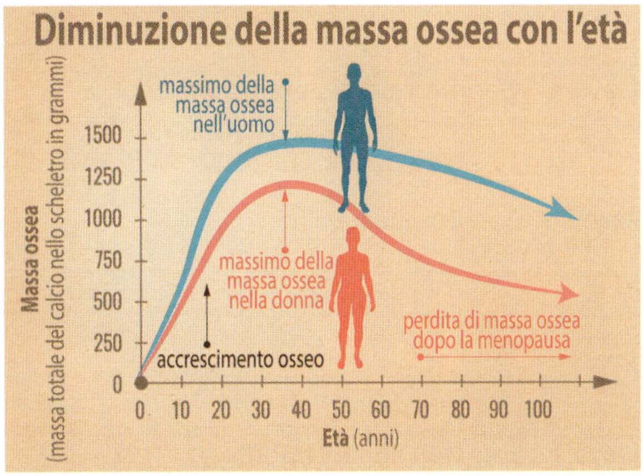

a. La donna in ogni momento della vita ha massa ossea inferiore rispetto a quella dell'uomo. V F

b. La massa ossea maschile tende a decrescere dopo i 35 anni. V F

c. La decrescita della massa ossea segue lo stesso andamento sia negli uomini sia nelle donne. V F

d. La massa ossea raggiunge il valore massimo intorno ai 35 anni. V F

D35 **Laura vuole ingrandire una foto di 10 cm × 15 cm che ha scattato durante le vacanze. Affinché l'ingrandimento sia simile alla foto di partenza, quale proprietà dovrà avere?**

A Mantenere il rapporto tra base e altezza costante.

B Mantenere gli angoli invariati.

C Entrambe le proprietà elencate ai punti precedenti.

D Nessuna delle precedenti.

D36 **Manuela deve rimodernare il suo appartamento, ma non può prendere le misure. Ha però a disposizione una pianta della casa che è in scala 1:75.**

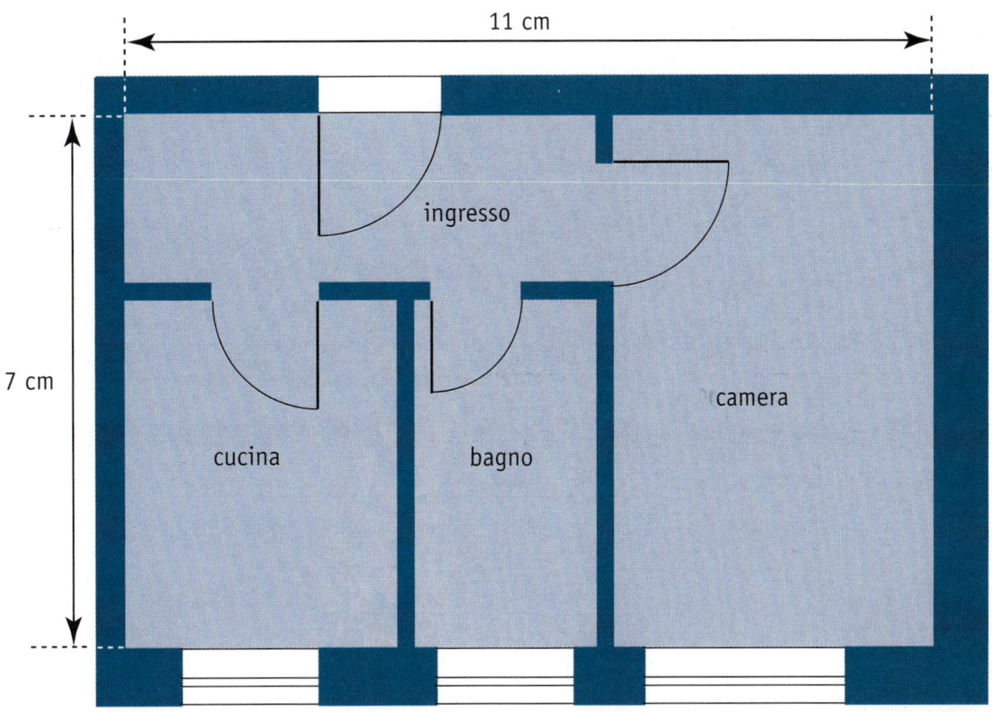

1. Qual è il perimetro dell'appartamento?

A 54 m

B 108 m

C Non è possibile ricavare il perimetro dell'appartamento.

D 27 m

2. Qual è l'area dell'appartamento (approssimata al m^2)?

A 172 m^2

B 86 m^2

C 43 m^2

D Non è possibile ricavare l'area dell'appartamento.

D37 Marco sta cercando di costruire un albero genealogico in cui siano rappresentati lui, i suoi genitori, i genitori dei suoi genitori, e così via.

1. Aiutandoti con l'immagine stabilisci quante caselle serviranno per i genitori dei trisnonni di Marco.

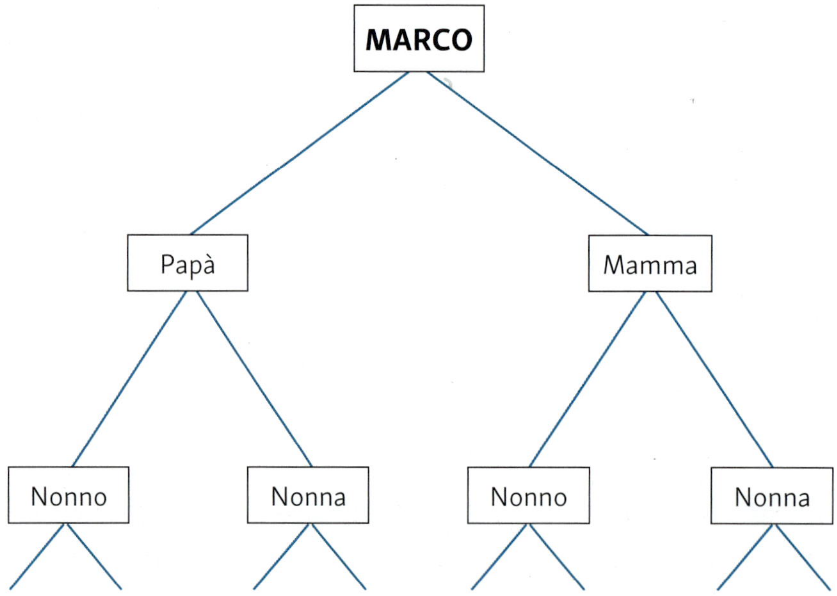

A 4

B 10

C 32

D 64

2. Venti generazioni prima di Marco, quanti furono i suoi antenati?

A 2^{20}

B $2 \cdot 20$

C 200

D 2^{21}

D38 **In una classe viene fatto un sondaggio sul numero di auto possedute per famiglia. Dal sondaggio si ottengono i seguenti valori:**

$$\{0; 1; 2; 2; 2; 2; 1; 1; 1; 3; 4; 2; 2; 1; 3; 2; 1; 3; 4; 4; 2; 2; 2; 2; 2; 3\}$$

Completa la tabella inserendo le frequenze assolute, le frequenze cumulate e la frequenza percentuale approssimata all'unità.

Auto possedute	Frequenza assoluta	Frequenza cumulata	Frequenza percentuale
0	1		4%
1	6		
2	12		
3	4		15%
4	3		

D39 **Emma affitta un motorino per muoversi più agevolmente in città.**
Per l'affitto del motorino deve pagare 86 euro al mese e una cauzione di 500 euro. Emma percorre in media 15 km al giorno e in un mese spende circa 30 euro per la benzina.
Quale relazione descrive la spesa *s* affrontata da Emma per l'affitto del motorino in funzione del numero *m* di mesi di affitto?

A $s = 500 + 15m + 116m$

B $s = 500 + 116m$

C $s = (500 + 86)m$

D $s = 500 + 15m + 86m$

D40 **Associa a ogni frase l'uguaglianza che la rappresenta.**

a. [2] La differenza di due numeri a e b sommata al quadrato del loro prodotto dà come risultato a.

b. [6] Il logaritmo del prodotto di a e b è uguale alla somma del logaritmo di a e del logaritmo di b.

c. [5] Il prodotto di b per il logaritmo di a è uguale al logaritmo di a elevato a b.

d. [1] b è uguale alla somma tra il quadrato di a meno b e il triplo di a per b.

e. [4] b è uguale alla differenza tra il quadrato di a e b sommata al triplo del prodotto tra a e b.

f. [3] Il logaritmo del prodotto tra a e b è uguale al logaritmo di a elevato a b.

1. $(a-b)^2 + 3ab = b$
2. $a - b + a^2b^2 = a$
3. $\log(ab) = (\log a)^b$
4. $(a^2 - b) + 3ab = b$
5. $b \log a = \log a^b$
6. $\log(ab) = \log a + \log b$

DOMANDE SPECIFICHE PER IL LICEO SCIENTIFICO

D1 **Nei grafici sono rappresentate tre onde sonore *f*, *g*, *h*. La *frequenza* di un'onda è definita come l'inverso del periodo: maggiore è la frequenza, più acuto è il suono. La *lunghezza d'onda* è definita invece come la distanza tra due massimi.**
Indica se ciascuna delle affermazioni seguenti è vera (V) o falsa (F).

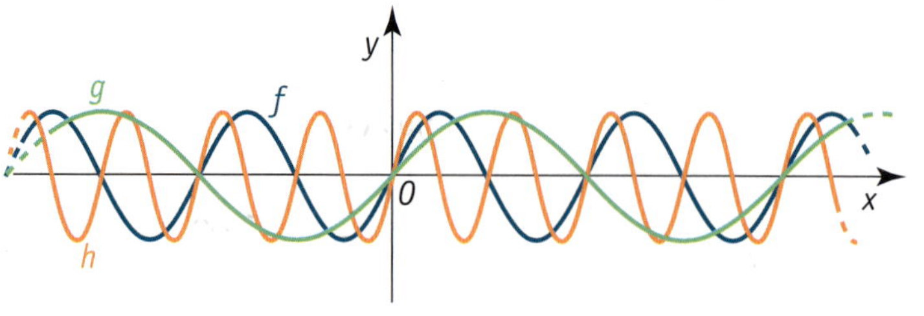

a. L'onda sonora più acuta è l'onda indicata con *h*. V F
b. La frequenza di *g* è metà della frequenza di *f*. V F
c. Il coefficiente angolare della retta tangente in (0,0) è uguale in tutte e tre le funzioni. V F
d. La lunghezza d'onda di *f* è metà di quella di *g*. V F

D2 **Qual è il valore del limite $\lim_{x \to 0} \frac{\sin x + x}{x}$?**

A 0 B $\frac{1}{2}$ C 1 D 2

D3 **Una variabile ha la distribuzione di probabilità riportata in tabella. Qual è la media di *X*?**

X	2	4	6
$p(X = x)$	$\frac{1}{3}$	$\frac{1}{2}$	$\frac{1}{6}$

A $\frac{11}{3}$ B 4 C 2 D $\frac{1}{3}$

D4 **Del triangolo in figura sono note le coordinate dei punti *A*, *B* e *C*.**
Quale tra i seguenti procedimenti *non* serve per dimostrare che il triangolo è rettangolo?

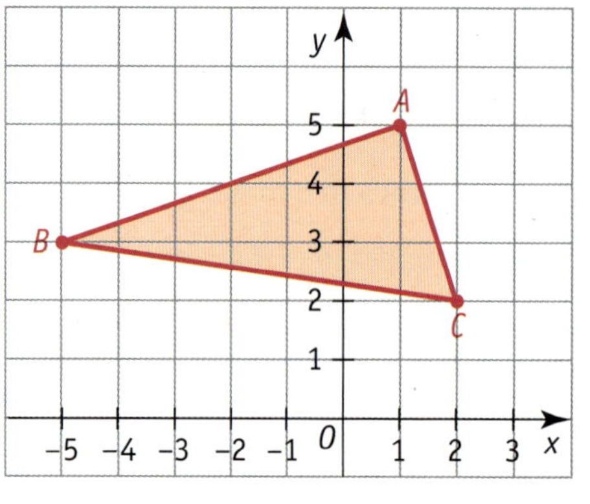

A Verificare l'uguaglianza $BC^2 = AC^2 + AB^2$.
B Studiare l'equazione delle rette *AC* e *AB* e verificare che i coefficienti angolari delle due rette siano inversi e opposti.
C Tracciare la perpendicolare a *BC* passante per *A* e verificare che coincida con *AC*.
D Tracciare la circonferenza passante per *ABC* e verificare che *BC* sia il diametro di tale circonferenza.

D5 **In quale intervallo la disequazione $\log(4-x^2)-\log x \leq \log(x+7)$ è verificata?**

A $0<x<2$

B $\frac{1}{2} \leq x<2$

C $x \leq -4 \vee x \geq \frac{1}{2}$

D $-2 \leq x<\frac{1}{2}$

D6 **Giulia non ha studiato per un esame a "crocette" ma decide comunque di sostenerlo. Il test è composto di 10 domande ciascuna avente quattro opzioni di risposta tra cui una sola risposta corretta. Qual è la probabilità che Giulia, rispondendo a caso, ottenga la sufficienza rispondendo correttamente a 6 domande?**

A $p(x=6)=\binom{10}{6}\left(\frac{1}{4}\right)^6\left(\frac{3}{4}\right)^4$

B $p(x=6)=4^{10}-\left(\frac{3}{4}\right)^4$

C $p(x=6)=\left(\frac{1}{4}\right)^6\left(\frac{3}{4}\right)^4$

D $p(x=6)=\binom{4^{10}}{4^6}\left(\frac{1}{4}\right)^6\left(\frac{3}{4}\right)^4$

D7 **Le basi delle due piramidi a base quadrata in figura sono costruite unendo i punti medi degli spigoli del cubo. Determina il volume di ciascuna delle due piramidi in funzione della lunghezza *l* dello spigolo del cubo.**

A $\frac{l^3}{12}$

B $\frac{l^3}{6}$

C $\frac{\sqrt{2}l^3}{12}$

D $\frac{\sqrt{2}l^3}{3}$

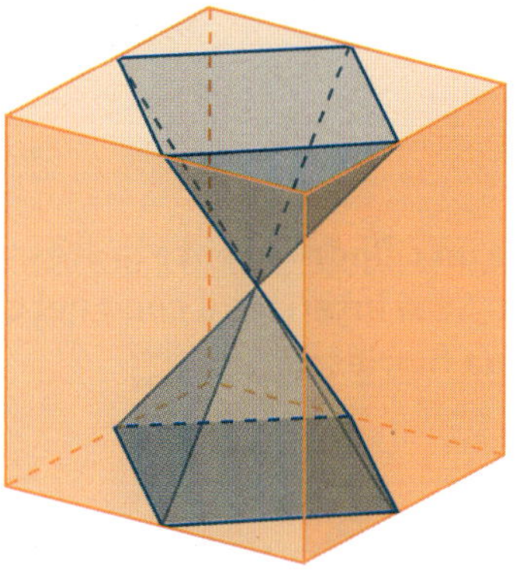

D8 **Osserva il grafico e indica da quale funzione può essere descritto nell'intervallo rappresentato.**

A $f(x)=\frac{1}{x}$

B $f(x)=-\frac{1}{x}$

C $f(x)=\frac{1}{4x}$

D $f(x)=\frac{4}{x}$

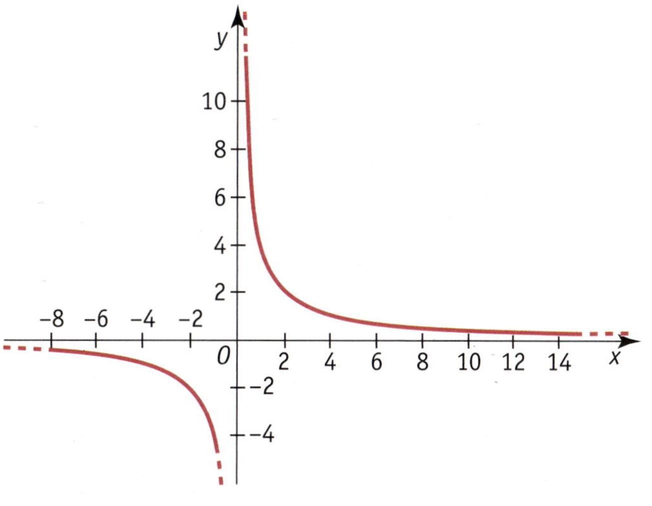

DOMANDE SPECIFICHE PER GLI ISTITUTI TECNICI

D1 **Un muratore deve far passare una canna fumaria dritta su una parete lunga 3 m. La canna fumaria deve uscire dal muro a 1,8 m d'altezza e deve arrivare dall'altra parte della parete a 2,5 m d'altezza. Qual è all'incirca l'angolo a cui il muratore deve inclinare i tubi che compongono la canna fumaria per raggiungere l'altezza desiderata dall'altra parte della parete?**

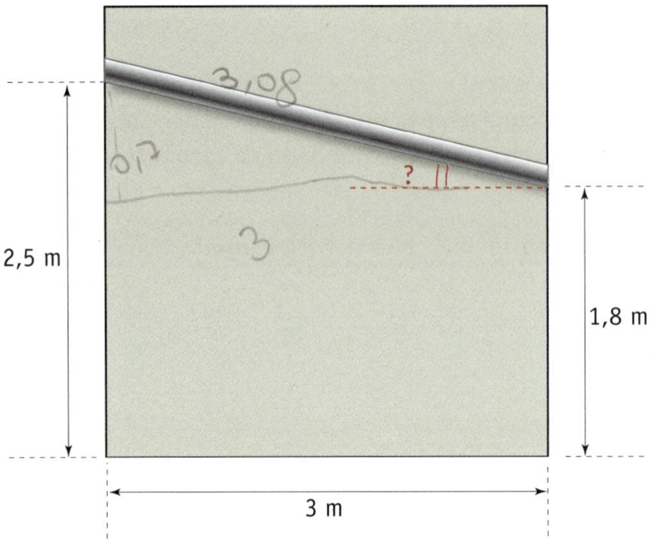

A 13°

B 23°

C 41°

D 120°

D2 **Si hanno un cono di altezza 8 cm e un cilindro avente la stessa altezza e lo stesso raggio del cono in cui sono contenuti 22,5 cl d'acqua. Se si inserisce il cono nel cilindro immergendo per prima la parte più stretta, all'incirca quanta acqua fuoriesce?**

A 3 cl

B 7,5 cl

C 15 cl

D Non si può calcolare.

D3 **La scala dei valori del pH, che quantifica l'acidità o basicità di una soluzione, utilizza una scala logaritmica che varia in funzione degli ioni H^+ presenti. Il pH è espresso dalla relazione**

$$pH = -\log_{10} H^+$$

La scala dei valori del PH va da zero a 14. Di quanto varia la concentrazione di ioni H^+ se si passa da pH 7 a pH 8?

A La concentrazione è dieci volte inferiore.

B La concentrazione è dieci volte superiore.

C La concentrazione diminuisce di 0,1.

D La concentrazione aumenta di 0,1.

D4 **L'equazione del piano tangente alla superficie $f(x, y)$ è**

$$z = f(x_0, y_0) + f'_x(x_0, y_0)(x - x_0) + f'_y(x_0, y_0)(y - y_0)$$

Con f'_x e f'_y derivate parziali rispetto a x e y rispettivamente.
Determina l'equazione del piano tangente a $f(x) = x^2 + ye^{2x}$ nel punto (1, 1).

A $z = -1 - 2e^2 + 2x + 2xe^2 + ye^2$

B $z = 1 + e^2 + 2x^2 + 2xye^{2x} - 2x - 2ye^{2x} + ye^{2x} - e^{2y}$

C $z = 1 + 2e^2 + 2x + 2xe^2 + ye^2$

D $z = 1 + e^2 + 2x^2 + 2xye^{2x} + ye^{2x}$

D5 **Per quali valori di k l'equazione $\cos x = k$ ammette soluzioni?**

A Se $k \geq 0$

B Se $-\pi \leq k \leq \pi$

C Se $-1 \leq k \leq 1$

D Per ogni k reale

D6 **Il professore interroga due persone estraendo da un sacchetto i nomi degli studenti. In classe ci sono 20 alunni. Qual è la probabilità che tu o il tuo compagno di banco siate interrogati?**

A $\frac{2}{20}$

B $\frac{2}{20} \cdot \frac{1}{19}$

C $\frac{2}{20} \cdot \frac{1}{19} + \frac{18}{20} \cdot \frac{2}{19} + \frac{2}{20} \cdot \frac{2}{19}$

D $\frac{2}{20} \cdot \frac{1}{19} + \frac{2}{20} \cdot \frac{18}{19} + \frac{18}{20} \cdot \frac{2}{19}$

D7 **1.** **Completa la tabella approssimando la frequenza percentuale all'unità.**

Classe	**Frequenza assoluta**	**Frequenza percentuale**	**Frequenza cumulata**
$0 \leq x < 3$	22		22
$3 \leq x < 5$		21%	
$5 \leq x < 7$			
$7 \leq x \leq 9$	12		87

2. **Calcola la mediana e la media relative alla variabile x approssimate ai decimi.**

Media: ....

Mediana: ....

D8 **Sofia sta progettando una piscina da costruire in giardino. La piscina deve essere rettangolare, ma nell'angolo del giardino passa un marciapiede che serve per accedere alla casa. In figura sono mostrate le dimensioni dell'area di costruzione.**

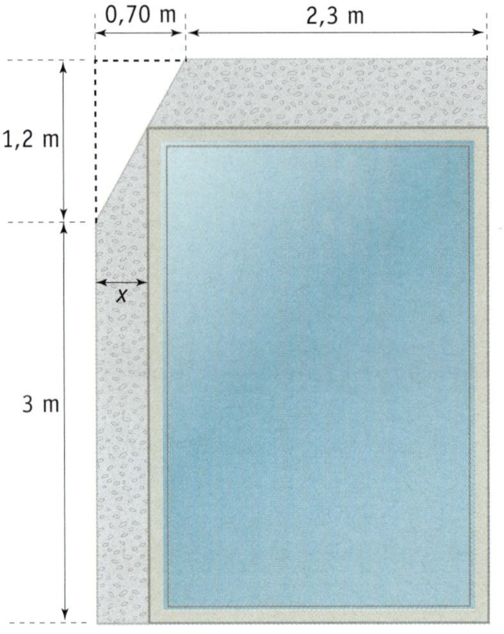

1. Qual è all'incirca l'area della piscina in funzione di x?

- **A** $12{,}6 - 3x$
- **B** $(3 + 1{,}7x)(3 - x)$
- **C** $(3 - x)(3 + x)$
- **D** $2{,}3x + 6{,}9 - 3x$

2. Quale deve essere all'incirca il valore di x affinché la superficie della piscina sia massima?

- **A** 0
- **B** 0,12 m
- **C** 0,62 m
- **D** 0,70 m

Simulazione 3

D1 **Elena nel cassetto del comodino ha 10 paia di calze: 7 paia sono nere e 3 paia sono bianche. Per non svegliare la sorella, Elena entra nella stanza al buio e prende a caso due calze.**

1. Completa con le probabilità il diagramma ad albero che descrive la situazione.

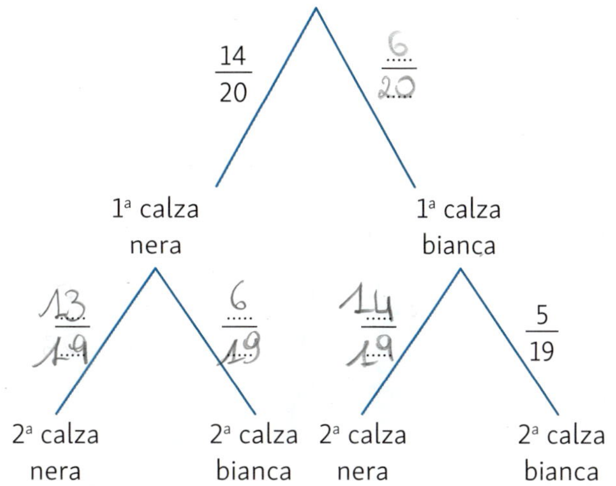

2. Sapendo che la prima calza presa da Elena è bianca, qual è la probabilità che anche la seconda calza sia bianca?

A $\frac{6}{20}$ B $\frac{5}{19}$ C $\frac{2}{9}$ D $\frac{3}{10}$

D2 **Il grafico rappresenta la distribuzione della popolazione residente in Sardegna per età, sesso e stato civile nel 2018.**

Popolazione per età, sesso e stato civile - Sardegna

Dati ISTAT 1° gennaio 2018

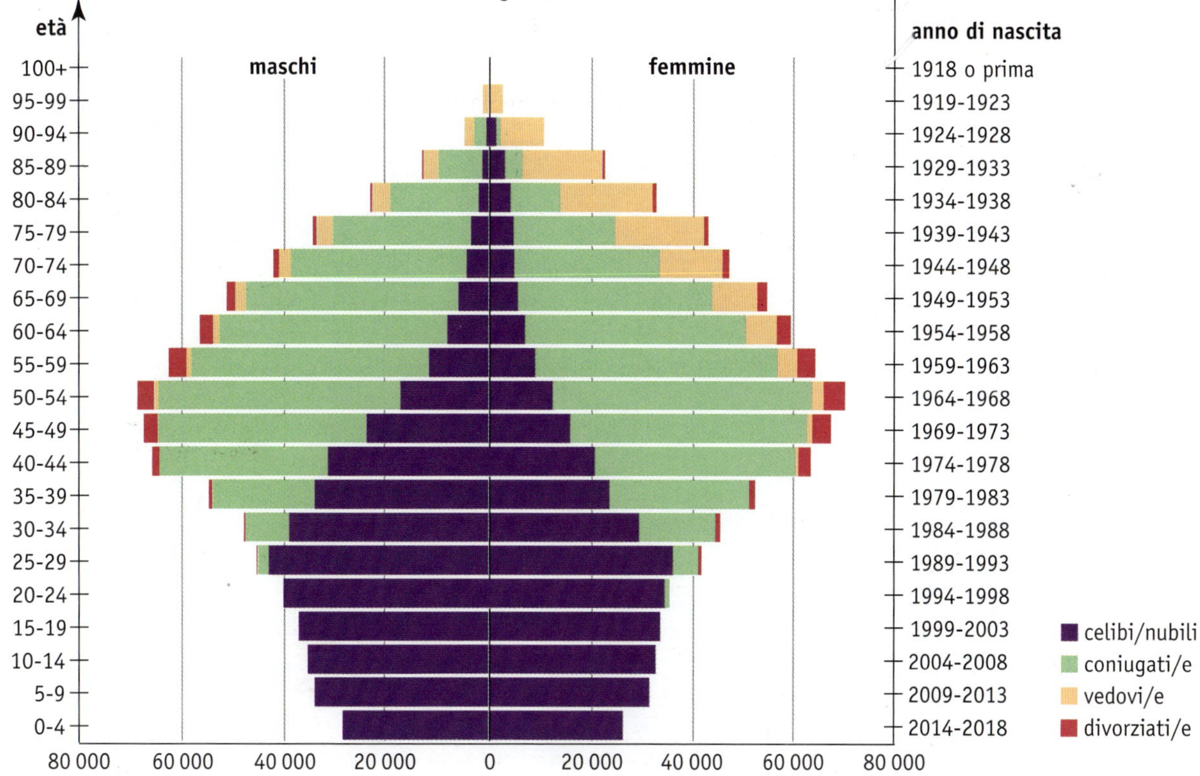

Indica se ciascuna delle seguenti affermazioni è vera (V) o falsa (F)

a. La maggioranza della popolazione sarda ha tra i 50 e i 54 anni. V F

b. La popolazione sarda oltre i 90 anni è maggiormente di sesso femminile. V F

c. Il numero di nascite tra il 1964 e il 1968 è stato il più alto degli ultimi 100 anni. V F

d. Il numero di maschi sardi divorziati tra i 35 e 39 anni è maggiore del numero di femmine sarde della stessa età divorziate. V F

D3 Il diagramma mostra la distribuzione di frequenze riguardanti il mezzo di trasporto utilizzato dai ragazzi di un quartiere per andare a scuola.

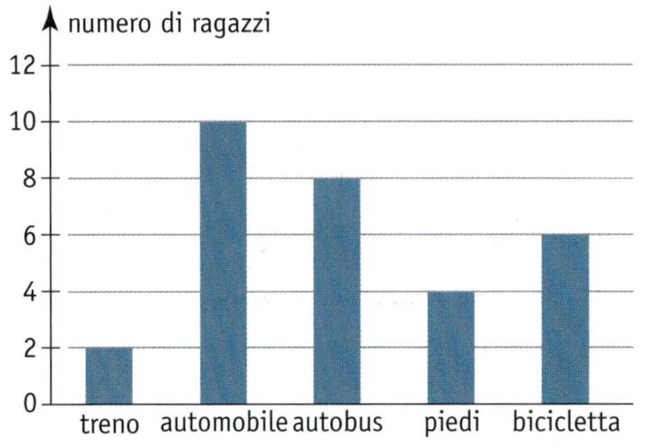

1. Quanti ragazzi sono stati intervistati?

Risposta: ...... ragazzi

2. Se si sceglie a caso un ragazzo del gruppo, qual è la probabilità che vada a scuola in bicicletta?

Risposta: ...... %

3. Se si sceglie a caso un ragazzo del gruppo, qual è la probabilità che vada a scuola in automobile o in autobus?

Risposta: ...... %

D4 La cosiddetta "distanza" di Mercurio dal Sole (o, più propriamente, la lunghezza del semiasse maggiore della sua orbita) è $5{,}8 \cdot 10^7$ km, mentre la distanza di Nettuno dal Sole è $4{,}5 \cdot 10^9$ km.

Quando il Sole, Mercurio e Nettuno sono allineati e Mercurio e Nettuno si trovano dalla stessa parte rispetto al Sole, qual è la distanza di Mercurio da Nettuno?

- A $1{,}3 \cdot 10^9$ km
- B $4{,}4 \cdot 10^9$ km
- C $1{,}3 \cdot 10^8$ km
- D $4{,}4 \cdot 10^2$ km

D5 **Indica se ciascuna delle seguenti rette è secante, tangente o esterna alla parabola rappresentata in figura.**

a. $y = -\frac{3}{2}$ ....

b. $y = x$ ....

c. $y = -\frac{7}{2}$ ....

d. $x = 1$ ....

e. $y = -2$ ....

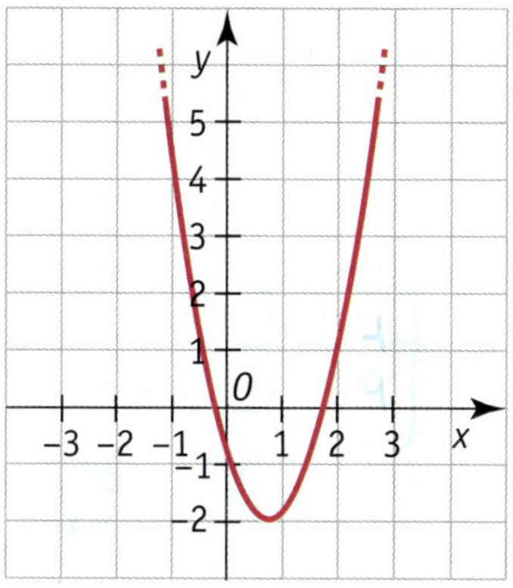

D6 **L'insegnante di italiano ha diviso la verifica in tre parti. Giulia nelle prime due ha preso rispettivamente 4 e 6. Il prossimo test che dovrà affrontare avrà un'incidenza sul voto finale doppia rispetto alle altre due parti.**
Qual è il voto minimo che può prendere Giulia nel test per avere un voto complessivo sufficiente?
Risposta: ......

D7 **Nel film *Guerre Stellari*, la *Morte Nera* è una stazione di battaglia spaziale dalla forma sferica, di dimensione paragonabile a una piccola luna.**
Il rapporto tra il volume della luna terrestre e la *Morte Nera* è uguale a 57,6.
Se la superficie della Luna terrestre è 37930000 km², qual è il diametro della *Morte Nera*?

- A Circa 900 km
- B Circa 450 km
- C Circa 30 km
- D Circa 60 km

D8 **Il grafico rappresenta la percentuale di persone che in Italia tra il 2011 e il 2016 svolsero almeno un'attività di partecipazione civica e politica.** *(Fonte: Istat)*

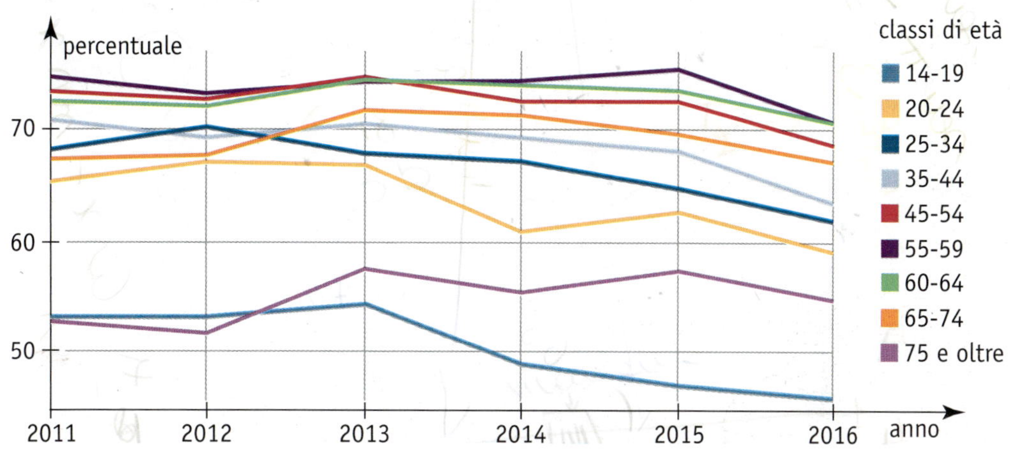

Indica se ciascuna delle seguenti affermazioni è vera (V) o falsa (F).

a. Dal 2015 al 2016 tutte le classi di età hanno avuto una diminuzione dell'attività civica e politica. V F

b. La classe d'età 55-59 è quella che in linea generale ha una maggiore attività civica e politica. V F

c. La classe d'età 75 o più è quella che in linea generale ha una minore attività civica e politica. V F

d. La classe d'età dai 75 anni in avanti ha avuto il maggior incremento di attività civica e politica dal 2012 al 2013. V F

D9 **Indica se ciascuna delle funzioni da $\mathbb{R}$ in $\mathbb{R}$ rappresentate nei grafici seguenti è iniettiva e/o suriettiva.**

a. 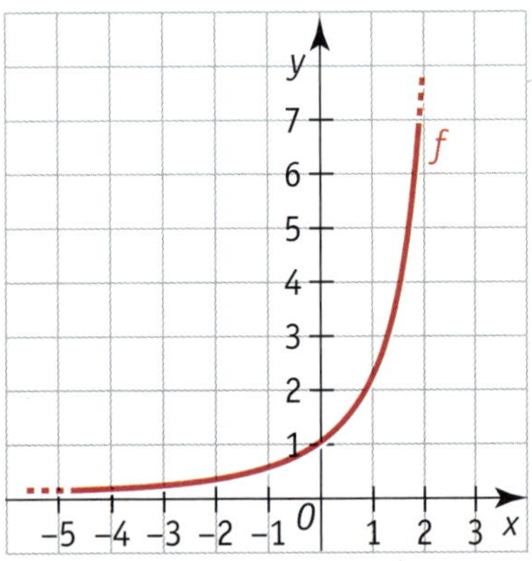

Iniettiva: ..... Suriettiva: .....

b. 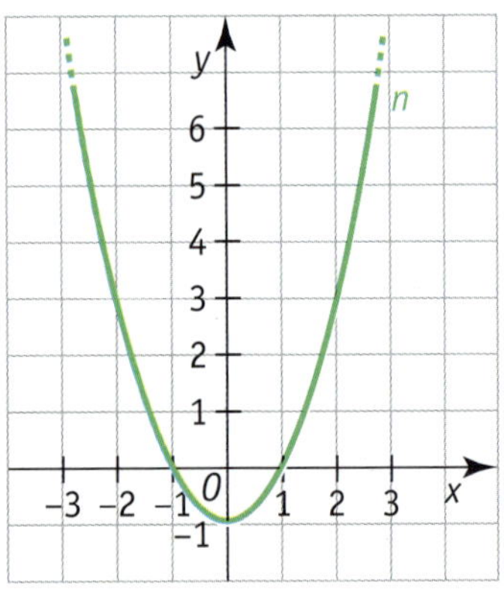

Iniettiva: ..... Suriettiva: .....

c. 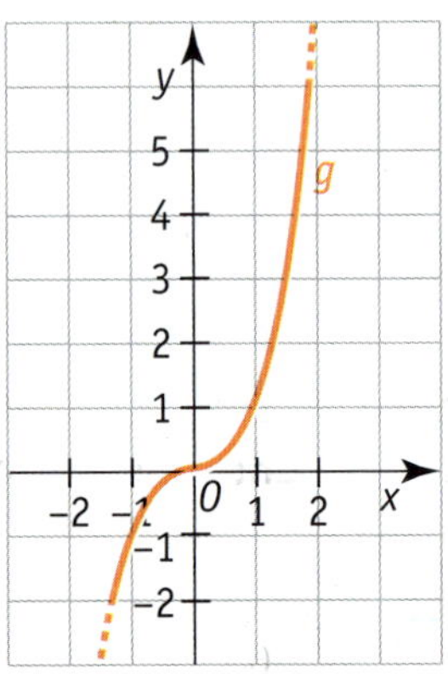

Iniettiva: ..... Suriettiva: .....

d. 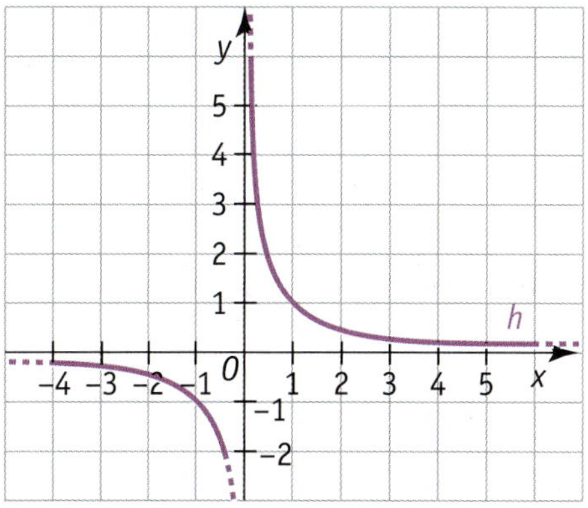

Iniettiva: ..... Suriettiva: .....

e. 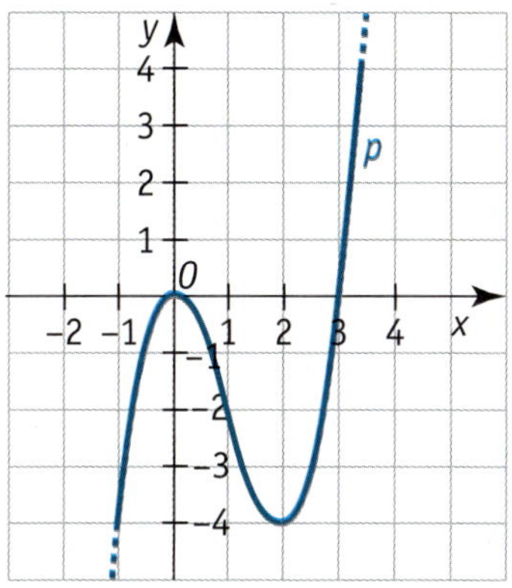

Iniettiva: ..... Suriettiva: .....

D10 **Il grafico rappresenta l'andamento del volume dell'acqua in funzione della temperatura.**

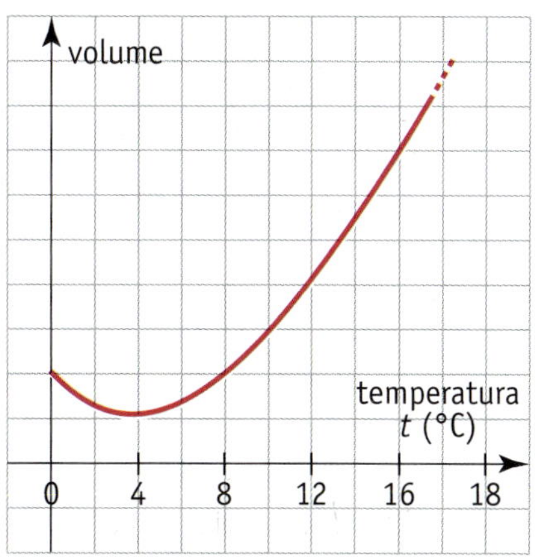

Indica se ciascuna affermazione è vera (V) o falsa (F).

a. Il volume dell'acqua cresce sempre all'aumentare della temperatura. V F

b. Il volume minimo dell'acqua si ha a 0 °C. V F

c. Oltre i 4 °C il volume dell'acqua cresce sempre. V F

d. Il volume dell'acqua è massimo a 4 °C. V F

D11 **Francesco ha dimenticato il codice pin del suo cellulare. Si ricorda che ha utilizzato quattro cifre tutte diverse tra loro e che la prima di esse è il numero 4. Che probabilità ha Francesco di scoprire la password al primo tentativo?**

A $\frac{1}{504}$ **B** $\frac{1}{5040}$ **C** $\frac{1}{729}$ **D** $\frac{1}{10000}$

D12 **Considera la disequazione parametrica $\log_2 x < k$.**

1. Quali sono le soluzioni per $k = 0$?

A $x < 1$

B $x > 1$

C $x < 0$

D $x > 0$

2. Quali sono le soluzioni per $k = -2$?

A $x > \frac{1}{4}$

B $x < -4$

C $x < \frac{1}{4}$

D $x > -4$

D13 **Considera l'equazione $0x = 5$.**
Indica se ciascuna affermazione è vera (V) o falsa (F).

a. $x = 0$ è una soluzione. V F

b. L'equazione ha infinite soluzioni. V F

c. L'equazione è determinata e la sua soluzione è $x = \frac{5}{0}$. V F

d. L'equazione non ha soluzioni. V F

D14 **Nicola deve posizionare un punto luce sul soffitto del suo salotto a circa 3,2 metri dal pavimento. Usa una scala lunga 1 m; quando la scala è aperta, ciascuna delle due parti forma un angolo di 60° rispetto al pavimento.**

1. Poiché Nicola è alto 160 cm, riesce a raggiungere agevolmente il soffitto?
   Risposta: .....

2. Nicola pensa che per lavorare bene debba trovarsi con la testa che dista al massimo 20 cm dal soffitto. Qual è la lunghezza minima di una scala, con la stessa apertura di quella precedente, che soddisfi questo requisito? (Approssima il risultato a una cifra dopo la virgola.)
   Risposta: ..... m

D15 **Quali sono le soluzioni dell'equazione $\sqrt[3]{x-k}=-2$ al variare di k?**

A $x=-8+k \ \forall k \in \mathbb{R}$

B $x=-8+k$ con $x-k \geq 0$

C $x=-8+k$ con $x-k \leq 0$

D L'equazione è sempre impossibile perché una radice non può mai assumere valori negativi.

D16 **Osserva il solido in figura.**

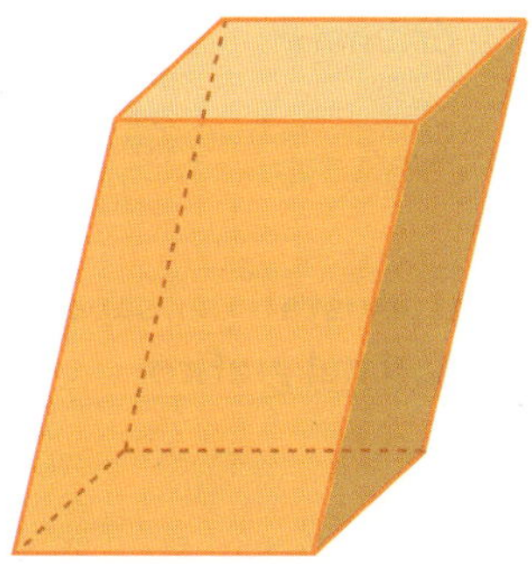

Quale tra le seguenti figure può rappresentare lo sviluppo piano del solido?

A

C

B

D

D17 **Nella figura è rappresentato il grafico della funzione f definita nell'intervallo [–5, 5].**

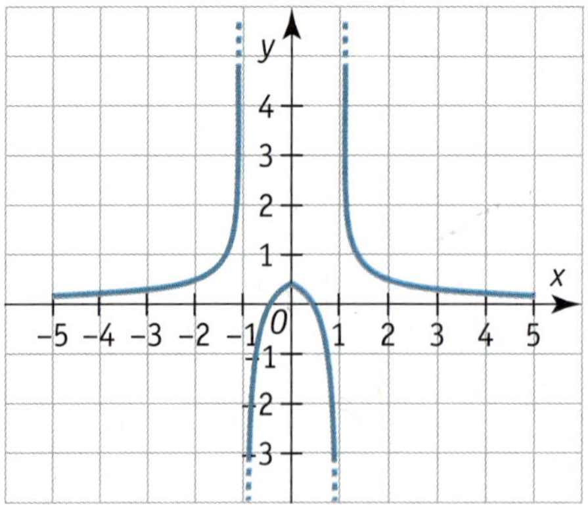

Indica se ciascuna delle seguenti affermazioni è vera (V) o falsa (F).

a. f è una funzione dispari. V F
b. f è simmetrica rispetto all'asse delle ordinate. V F
c. f è crescente per $x < 0$. V F
d. f è negativa per $x > 0$. V F

D18 **100 studenti di una scuola sono stati intervistati per sapere se possiedono animali domestici. I risultati dell'indagine sono rappresentati nel grafico.**

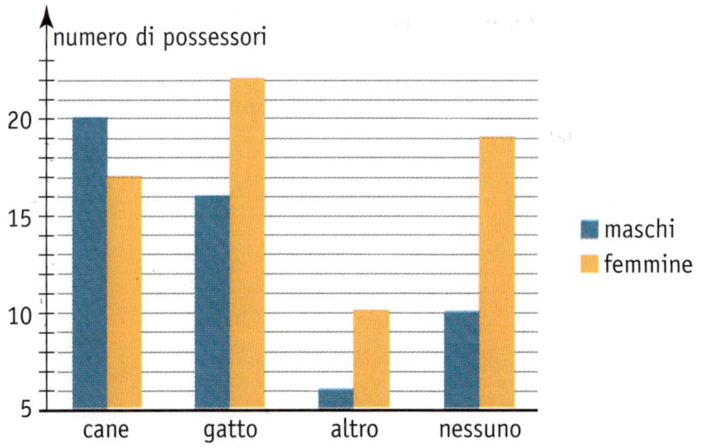

Indica se ciascuna affermazione è vera (V) o falsa (F)
a. Ci sono studenti che hanno più di un animale domestico. V F
b. Le femmine che possiedono un gatto sono più dei maschi. V F
c. Gli studenti che non possiedono animali domestici sono 29. V F
d. Gli studenti che possiedono solo un gatto sono 38. V F

D19 **La pista ad alta velocità di Nardò è un circuito di prova di forma circolare con diametro di 4 km. Un'auto sportiva esegue una prova a una velocità per cui percorre 7 km con un litro di benzina e il suo serbatoio ha capienza di 86 litri.**
Quanti giri completi della pista riesce a effettuare l'auto con il serbatoio pieno?

A 48 giri
B 47 giri
C 23 giri
D 24 giri

D20 In una domenica di settembre il piccolo paese di Borgofiorito ha organizzato una passeggiata ecologica. La partenza era prevista per le 9:30 del mattino.
Il grafico in figura rappresenta la distanza (in km) del gruppo dal punto di partenza in funzione del tempo (in ore).

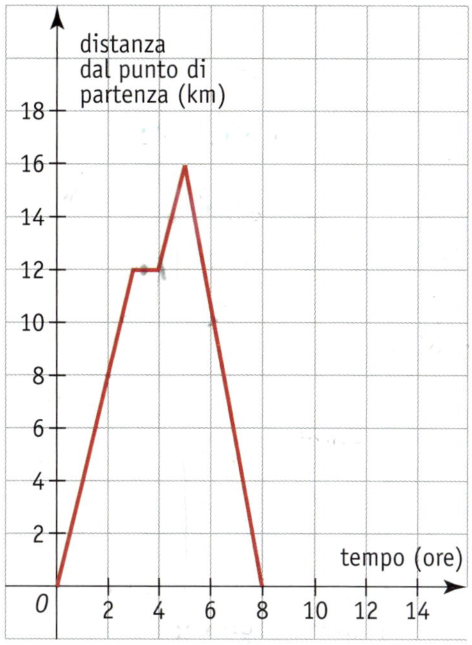

1. Quanti km sono stati percorsi durante la passeggiata?
   Risposta: ...... km
2. Quale ora si legge sull'orologio dopo 8 km di camminata?
   Risposta: ...... : ......
3. Quanti km sono stati percorsi tra le 12:30 e le 13:30?
   Risposta: ...... km
4. Con quale velocità sono stati percorsi i primi 12 km?
   Risposta: ...... km/h
5. Con quale velocità è stata percorsa la strada di ritorno? (Approssima il risultato a una cifra dopo la virgola.)
   Risposta: ...... km/h

D21 Cecilia ha preparato una torta per il compleanno di sua cugina. La teglia che ha utilizzato per il pan di spagna ha dimensioni in cm di 20 · 30 · 8 e durante la cottura l'impasto è cresciuto di due centimetri sopra la teglia.
Cecilia vuole ricoprire la torta con la pasta di zucchero e deve stenderla in modo da formare un rettangolo che ricopra la parte visibile del dolce.
Quali dimensioni minime (in cm) deve avere il rettangolo di pasta di zucchero per ricoprire interamente la torta?

A 40 · 80

B 30 · 40

C 20 · 30

D 40 · 50

D22 Si vuole dimostrare che:
"Se si sottrae al cubo di un numero *n* il numero stesso, si ottiene un multiplo di 6".

Completa il testo della dimostrazione scegliendo tra i seguenti termini, prestando attenzione al fatto che ogni termine può essere utilizzato una sola volta.

consecutivi, $n(n-1)(n+1)$, $n(n^2-1)$, somma per differenza, 3, 2, pari

Se si scompone il polinomio n^3-n si ottiene ...., che per il prodotto notevole .... è uguale a ....

Si ha quindi il prodotto di tre numeri naturali ...., pertanto tra essi sono presenti almeno un numero .... (cioè multiplo di ....) e un multiplo di ....

Di conseguenza n^3-n è divisibile per 6.

D23 Il grafico rappresenta le temperature massime e minime registrate in una settimana di Ottobre a Midelt in Marocco.

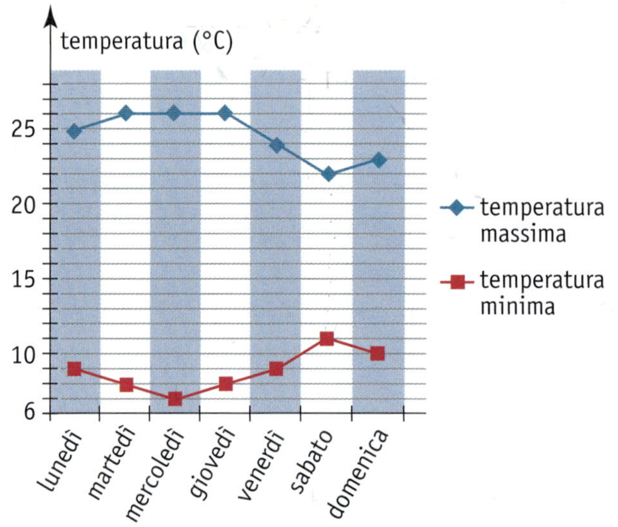

Indica ciascuna delle seguenti affermazioni è vera (V) o falsa (F)

a. La massima escursione termica si è registrata mercoledì. V F

b. La temperatura minima più alta si è registrata sabato. V F

c. La massima escursione termica è uguale a 4 °C. V F

d. La minima escursione termica è uguale a 4 °C. V F

D24 Considera l'equazione $(x-1)(x^2-2)(x+3)=0$

1. Quante soluzioni ha nell'insieme dei numeri naturali $\mathbb{N}$?
   Risposta: ..... soluzioni

2. Quante soluzioni ha nell'insieme dei numeri interi $\mathbb{Z}$?
   Risposta: ..... soluzioni

3. Quante soluzioni ha nell'insieme dei numeri razionali $\mathbb{Q}$?
   Risposta: ..... soluzioni

4. Quante soluzioni ha nell'insieme dei numeri reali $\mathbb{R}$?
   Risposta: ..... soluzioni

D25 **Al test di ingresso per la facoltà di matematica si presentano 120 persone e solo 80 risultano idonee. Dopo il primo semestre il 40% degli iscritti abbandona il corso e alla fine dell'anno solo il 37,5% dei rimanenti prosegue gli studi.**

1. Alla fine dell'anno quanti studenti continuano a frequentare il corso?
   Risposta: .... studenti
2. Quale percentuale degli studenti che hanno fatto il test di ingresso continuano a fequentare a fine anno?
   Risposta: .... %

D26 **Nel grafico sono rappresentate le funzioni *f*, *g*, *h* nell'intervallo [−7, 7].**

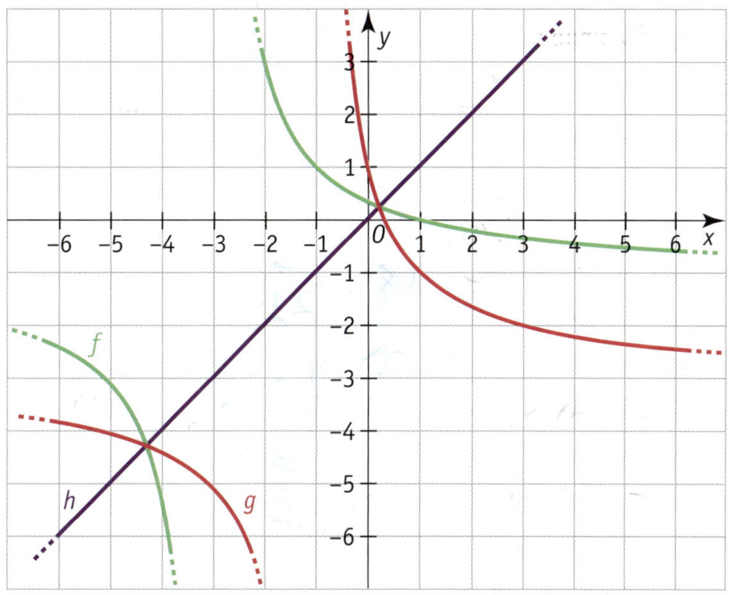

Indica se ciascuna delle seguenti affermazioni è vera (V) o falsa (F).

a. La funzione g ha due zeri, uno per $-5 < x < -4$ e uno per $0 < x < 1$. V F
b. Le funzioni f e g sono sempre decrescenti. V F
c. La funzione f è la simmetrica della funzione g rispetto alla retta h. V F
d. Le funzioni f, g, h hanno due punti di intersezione. V F

D27 **Nel foglietto informativo di un farmaco è riportato che 1 persona su 10 può presentare un effetto indesiderato *comune* come mal di testa o nausea, mentre 1 persona su 1000 può manifestare un effetto indesiderato *raro* come irritazioni cutanee o attacchi asmatici.**
Qual è la probabilità che prendendo il farmaco si manifestino mal di testa e irritazione cutanea?
Risposta: .... %

D28 **Sia $f\colon \mathbb{R} \to \mathbb{R}$ una funzione tale che $f(-1) = 0$, $f(0) = 0$ e $f(x) < 0$ per $-1 < x < 0$.**
Quale tra le seguenti funzioni può rappresentare la funzione f?

A $f(x) = \dfrac{x+1}{x}$

B $f(x) = \dfrac{x}{x+1}$

C $f(x) = x(x+1)$

D $f(x) = -x(x+1)$

D29 Considera la funzione $f(x)=\dfrac{1}{2x-1}$.

1. Qual è il valore di $f\left(\dfrac{1}{2}\right)$?

- **A** $f\left(\dfrac{1}{2}\right)=0$
- **B** $f\left(\dfrac{1}{2}\right)=\dfrac{3}{2}$
- **C** $f\left(\dfrac{1}{2}\right)=1$
- **D** La funzione non è definita per $x=\dfrac{1}{2}$.

2. Qual è il valore di $f^{-1}\left(\dfrac{1}{2}\right)$?

- **A** $f^{-1}\left(\dfrac{1}{2}\right)=0$
- **B** $f^{-1}\left(\dfrac{1}{2}\right)=\dfrac{3}{2}$
- **C** $f^{-1}\left(\dfrac{1}{2}\right)=1$
- **D** La funzione non è definita per $y=\dfrac{1}{2}$.

D30 In figura è rappresentata una semicirconferenza di raggio $OA=r$.

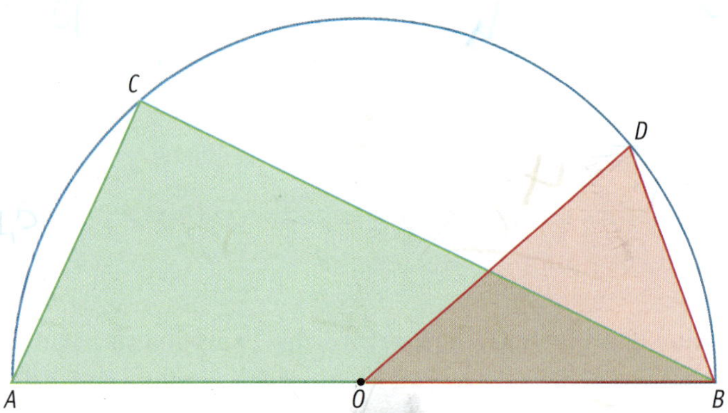

Indica se ciascuna delle seguenti affermazioni è vera (V) o falsa (F).

a. I triangoli ACB e ODB sono rettangoli perché sono inscritti in una semicirconferenza. V F

b. Il triangolo ODB è equilatero perché è anche isoscele. V F

c. Il triangolo ODB è isoscele perché è anche equilatero. V F

d. La lunghezza della corda DB è uguale al prodotto tra il diametro e il seno della metà dell'angolo DOB, quindi $DB=2r\sin\dfrac{D\hat{O}B}{2}$. V F

D31 Una piscina olimpica per essere regolamentare deve avere la dimensione maggiore lunga 50 m e deve essere composta da 10 corsie.
Se la diagonale della piscina misura $25\sqrt{5}$ m, quanto è larga ogni corsia?

Risposta: ..... m

D32 **Su un campione di 120 persone è stata fatta un'indagine statistica sulla preferenza tra sei opzioni di tariffe telefoniche. I risultati sono rappresentati nel diagramma.**

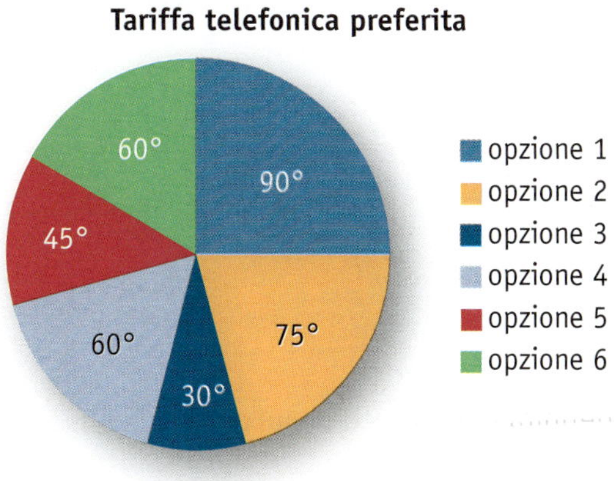

Quante sono le persone che preferiscono l'opzione 3?

A 30

B 36

C 4

D 10

D33 **In origine la piramide di Cheope era completata da una cima (*pyramidion*) che oggi risulta scomparsa. Attualmente la piramide si interrompe con una piattaforma di circa 11 m di lato.**
L'altezza attuale della piramide di Cheope è di circa 139 m e ha un lato di base di circa 230 m.

1. Qual era l'altezza del *pyramidion* scomparso? (Approssima il risultato all'unità.)
   Risposta: ..7.. m circa
   6,65
2. Qual era l'altezza originaria della piramide di Cheope?
   Risposta: 146 m circa

D34 **Carla vuole fissare alcune corde agli alberi del giardino per stendere i panni. Ha a disposizione una corda di nylon lunga 10 metri e la vuole dividere in modo che la misura di uno dei due pezzi superi di un metro il doppio della misura dell'altro pezzo.**
Quanto devono essere lunghi i due pezzi della corda?

Risposta: 3 m , 7 m

D35 **In un negozio per turisti di una città balneare si possono trovare vasetti in vetro di forma cilindrica che contengono la sabbia di una spiaggia particolare.**
Il diametro di base del vasetto è di 3 cm e l'altezza è di 4 cm.
Per ogni cm³ ci sono circa 7000 granelli di sabbia.
Quanti granelli ci sono in ogni vasetto?

A Circa 800 000 granelli di sabbia

B Circa 80 000 granelli di sabbia

C Circa 200 000 granelli di sabbia

D Circa 20 000 granelli di sabbia

D36 **Il grafico rappresenta l'andamento del costo in euro per la navigazione in internet da smartphone al variare del traffico di dati in gigabyte.**

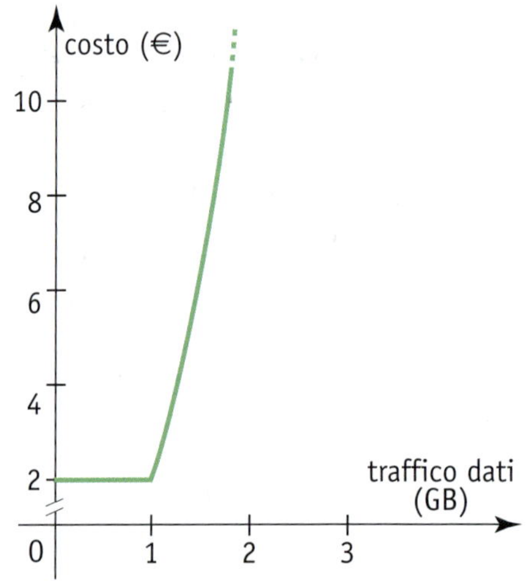

1. Qual è la spesa se vengono utilizzati 0,5 gigabyte?
   Risposta: ...... euro

2. Quanti gigabyte sono stati utilizzati se la spesa è stata di 10 euro?
   Risposta: circa ...... gigabyte

D37 **I giocatori di *GdR* (*giochi di ruolo da tavolo*) utilizzano dadi dalla forma non comune per effettuare le proprie azioni di gioco: si usano per esempio dadi da 4, 8 o 20 facce, le quali sono costituite da triangoli equilateri.**

1. Quale espressione permette di calcolare la superficie totale dei dadi in funzione del numero n delle facce e della lunghezza l dello spigolo?

A $\frac{\sqrt{5}}{4}l^2 \cdot n$ B $\frac{\sqrt{3}}{4}n^2 \cdot l$ C $\frac{\sqrt{3}}{4}l^2 \cdot n$ D $\frac{\sqrt{5}}{4}n^2 \cdot l$

2. Se il dado ha 20 facce e il suo spigolo è lungo 0,5 cm, qual è l'area della sua superficie? (Approssima il risultato a una cifra dopo la virgola.)

Risposta: ..... cm^2

D38 **Quali sono le soluzioni della disequazione $\left(\frac{1}{2}\right)^{2x} < 2$?**

A $x < \frac{1}{2}$

B $x > \frac{1}{2}$

C $x < -\frac{1}{2}$

D $x > -\frac{1}{2}$

D39 **Il pendolo è un sistema fisico formato da un filo inestensibile di lunghezza *l* alla cui estremità è fissata una massa puntiforme *m*. Se si sposta la massa dalla posizione verticale mantenendo tesa la corda e poi la si lascia andare, il pendolo incomincia a oscillare attorno al suo punto di equilibrio (a condizione che l'angolo iniziale formato con la verticale non sia troppo ampio).**
Quale tra le formule riportate sotto esprime in linguaggio matematico l'affermazione seguente?

"L'accelerazione a cui è soggetta la massa del pendolo è direttamente proporzionale alla lunghezza l del filo e al quadrato di 2π mentre è inversamente proporzionale al quadrato del periodo di oscillazione T del pendolo."

A $a = 2\pi^2 \frac{l^2}{T^2}$

B $a = 4\pi^2 \frac{l}{T^2}$

C $a = 4\pi^2 \frac{l^2}{T}$

D $a = 2\pi^2 \frac{T^2}{l}$

D40 **Nella figura è rappresentato un solido formato dalla sovrapposizione di un cubo e una piramide.**

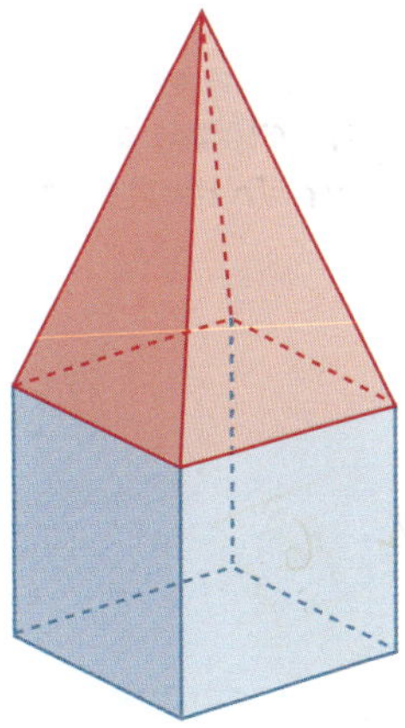

Indica se ciascuna delle seguenti affermazioni è vera (V) o falsa (F)

a. Il volume del solido è uguale alla somma tra il volume del cubo e il volume della piramide. V F

b. La superficie del solido è uguale alla somma tra la superficie del cubo e la superficie della piramide. V F

c. L'altezza del solido è uguale alla somma tra l'altezza del cubo e l'altezza della piramide. V F

d. Poiché la piramide poggia su un solido regolare, le sue facce laterali sono triangoli equilateri. V F

DOMANDE SPECIFICHE PER IL LICEO SCIENTIFICO

D1 **Un negozio di ferramenta si rifornisce di bulloni per il 30% dalla ditta *Fronte Bulloni* e per il 70% dalla ditta *Acciaio Flash*. Per la prima ditta la probabilità di realizzare un pezzo difettoso è del 5%, mentre per la seconda ditta è del 2%.**
Carlo acquista un bullone che risulta difettoso.
Qual è la probabilità che provenga da *Fronte Bulloni*? (Approssima il risultato a una cifra dopo la virgola.)

Risposta: ..... %

D2 **Considera la funzione $y = e^x$.**
Quali soluzioni ha la disequazione $e^x < x$?

A $x < x_1$ con $-1 < x_1 < 0$

B $x > x_1$ con $0 < x_1 < 1$

C $\forall x \in \mathbb{R}$

D $\nexists x \in \mathbb{R}$

D3 **Il triangolo di Tartaglia è una sorta di tabella a forma di triangolo che permette di calcolare i coefficienti dello sviluppo della potenza *n*-esima di un binomio.**

1
1 1
1 2 1
1 3 3 1
1 4 6 4 1
1 5 10 10 5 1

Per esempio per $n = 2$ si considera la terza riga a partire dall'alto e si ottengono i coefficienti dei termini dello sviluppo di $(a + b)^2$.

1. Quanti sono i termini dello sviluppo della potenza $(a + b)^6$?

   Risposta: ..... termini

2. Qual è lo sviluppo di $(a + b)^4$?

   Risposta: (.....) $a^{.....}$ $b^{.....}$ + (.....) $a^{.....}$ $b^{.....}$ + (.....) $a^{.....}$ $b^{.....}$ + (.....) $a^{.....}$ $b^{.....}$ + (.....) $a^{.....}$ $b^{.....}$

D4 **Tra le seguenti equazioni individua quella che rappresenta un piano passante per il punto $P(-1, 2, 3)$ e perpendicolare all'asse *z*.**

A $x = -1$

B $y = 2$

C $z = 3$

D $-x + 2y + 3z = 0$

D5 **Nella figura sono rappresentati i grafici delle funzioni f e g definite nell'intervallo $[-6,6]$.**

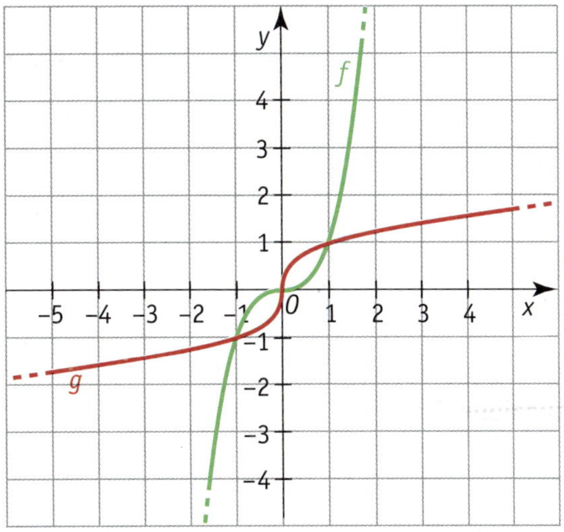

Indica se ciascuna delle seguenti affermazioni è vera (V) o falsa (F).

a. La funzione f è l'inversa della funzione g. V F

b. Le funzioni f e g si intersecano per $x = \pm 1$. V F

c. $f(x) < g(x)$ per $-1 < x < 1$. V F

d. Le funzioni f e g sono monotone crescenti. V F

D6 **Giulia è nata a gennaio del 1990. Abitualmente utilizza una password per il suo smartphone che combina il giorno, il mese e l'anno della sua nascita.**

1. Senza maggiori informazioni, quanti tentativi si possono fare al massimo per individuare il codice?

Risposta: ..... tentativi

2. Qual è la probabilità di indovinare la password entro i primi due tentativi?

A $\frac{1}{186} + \frac{185}{186} \cdot \frac{1}{185}$

B $\frac{2}{186}$

C $\frac{1}{186} + \frac{1}{185}$

D $\frac{1}{186} \cdot \frac{1}{185}$

D7 **Nella figura è tracciato il grafico della funzione $f(x)$ definita nell'intervallo rappresentato.**

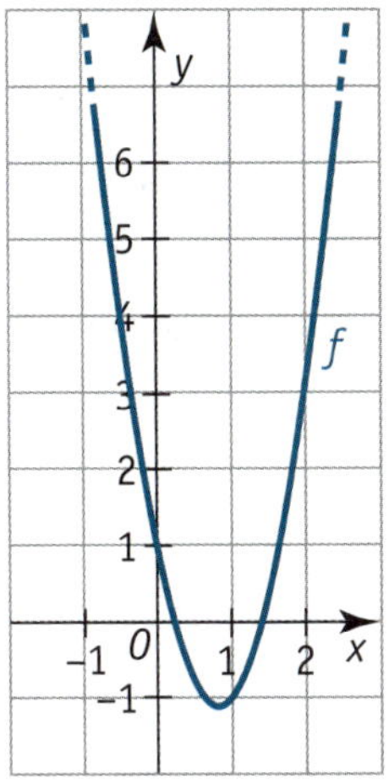

Quale tra i seguenti grafici può rappresentare la funzione derivata $f'(x)$?

A
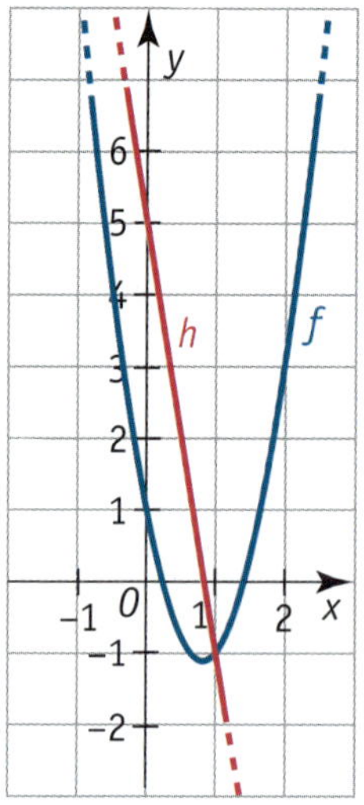

C
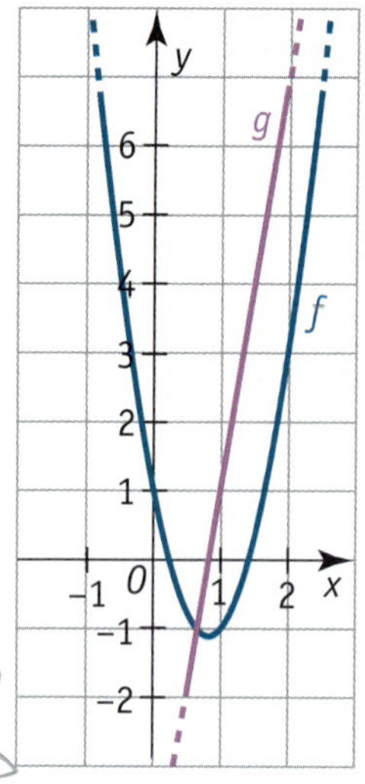

B
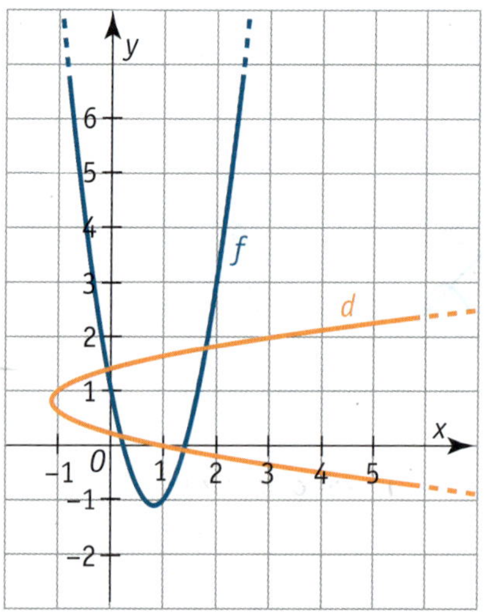

D
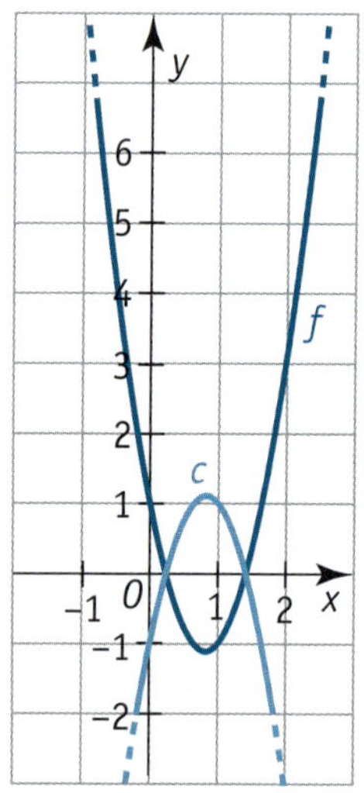

D8 **Carlo (nel punto *A* della figura) vuole lanciare un pallone al suo amico Luca, che si trova nella sponda opposta di un ruscello (nel punto *B* della figura).**
Se Carlo si sposta lungo la riva di 10 metri (sino al punto *C* della figura) si sa che gli angoli formati nei punti *A* e *C* sono rispettivamente di 15° e 30°.

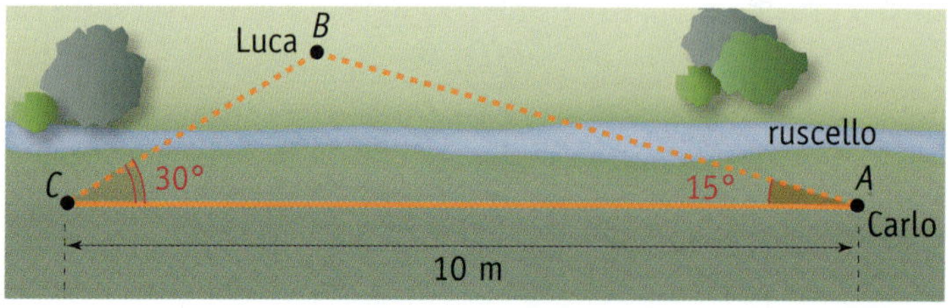

1. Sapendo che con la massima forza Carlo riesce a far percorrere al pallone una distanza di circa 9 metri, il pallone arriverà a Luca?

   Risposta: .....

2. Qual è la distanza tra Carlo e Luca? (Approssima il risultato a un cifra dopo la virgola)

   Risposta: ..... m

DOMANDE SPECIFICHE PER GLI ISTITUTI TECNICI

D1 **Indica quale tra le seguenti espressioni è corretta.**

A $\log_a(c \cdot d) = \log_a c + \log_a d$ B $\log_a b = c \Leftrightarrow c^a = b$ C $\log_a^k b = k \cdot \log_a b$ D $\dfrac{\log_a b}{\log_a c} = \log_a(b - c)$

D2 **Qual è il dominio della funzione di due variabili $f(x, y) = \dfrac{1}{\sqrt{x^2 + y^2 - 4}}$?**

A
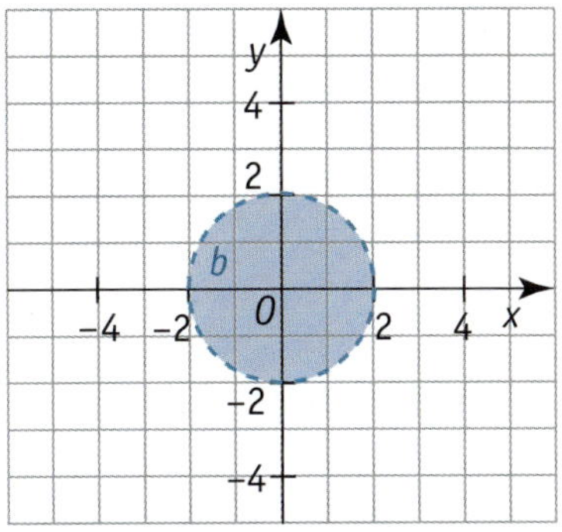

C
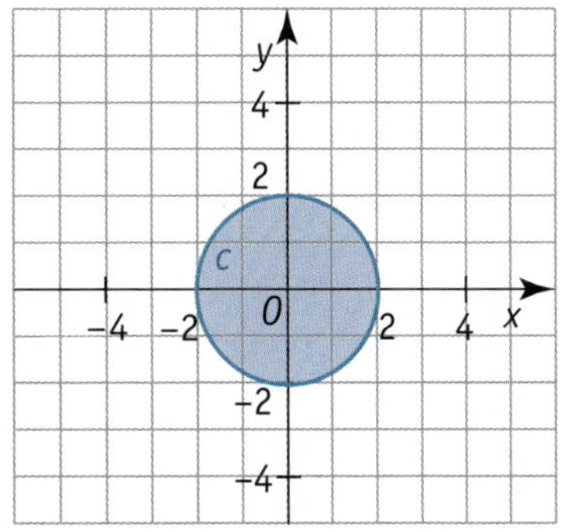

B
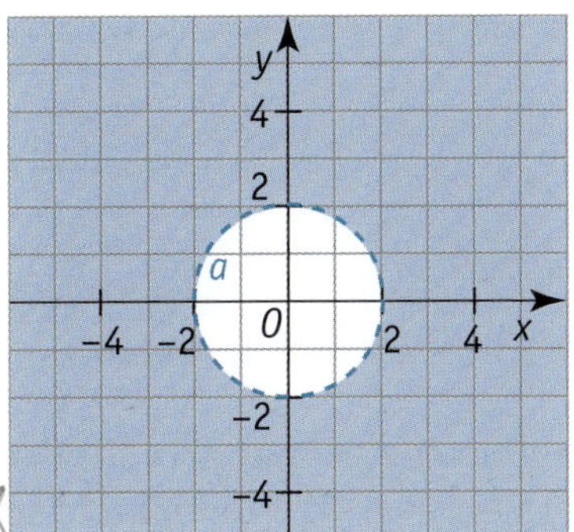

D
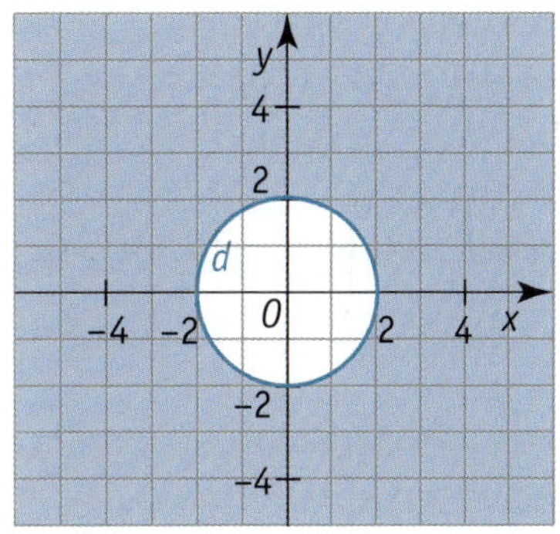

D3 **Indica se ciascuna delle funzioni rappresentate nei grafici seguenti sono continue e/o derivabili per ogni $x \in [-5, 5]$.**

a.
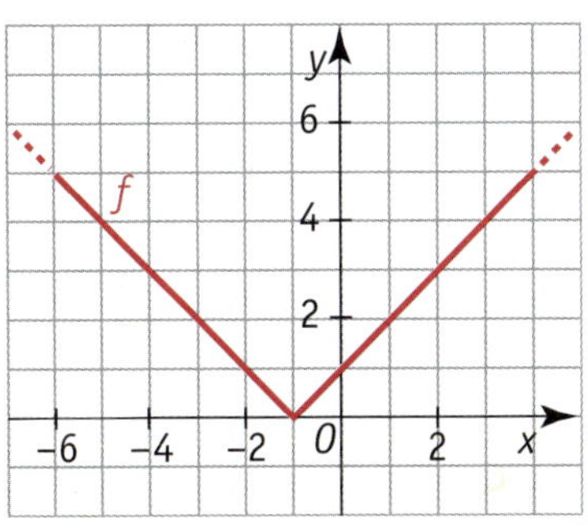

Continua: ..... Derivabile: .....

b.
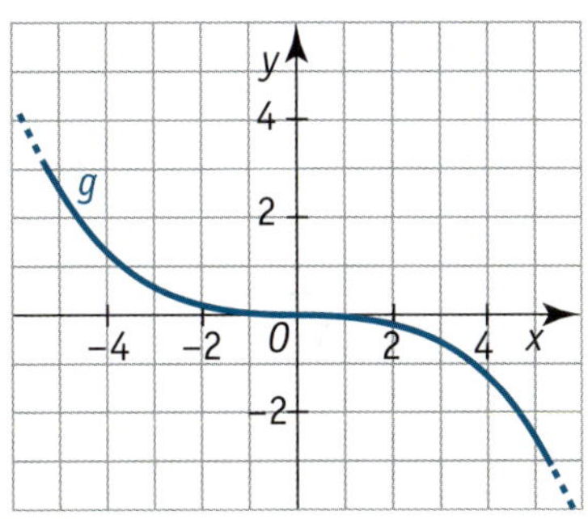

Continua: ..... Derivabile: .....

c.
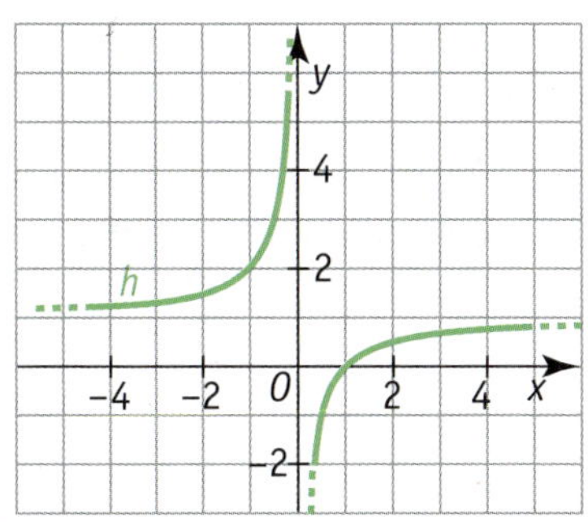

Continua: ..... Derivabile: .....

d.
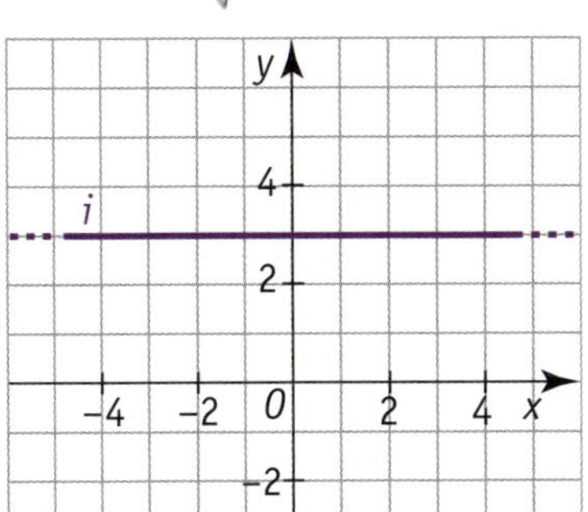

Continua: ..... Derivabile: .....

e.
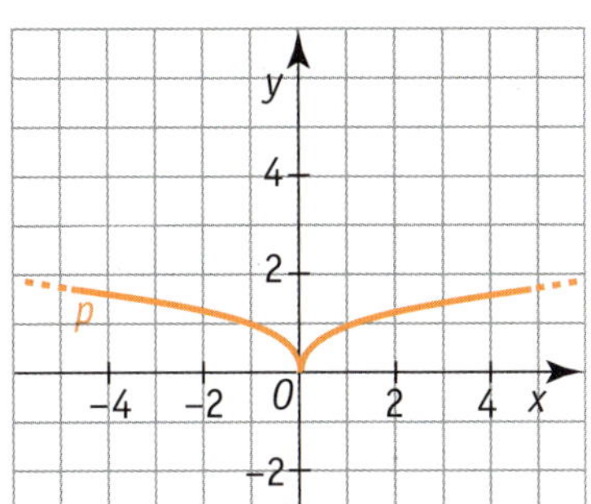

Continua: ..... Derivabile: .....

D4 **Si vuole indagare sulla relazione tra due variabili statistiche X e Y, i cui valori sono riportati nel grafico.**

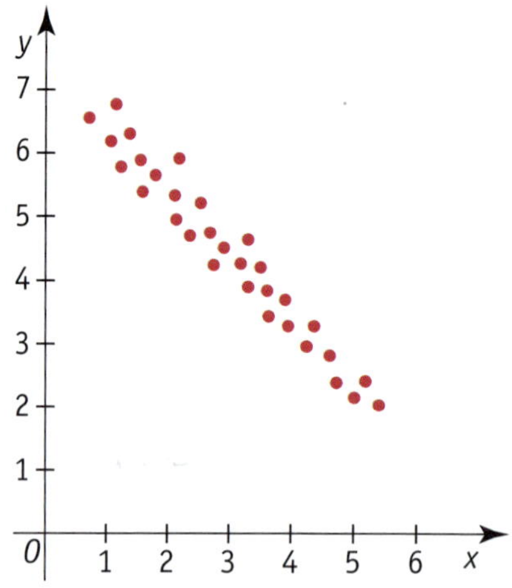

Quale tra i seguenti può rappresentare il coefficiente di correlazione lineare r?

A $r = 0{,}87$ **B** $r = -0{,}1$ **C** $r = -0{,}87$ **D** $r = 0{,}1$

D5 **La diagonale di un prisma retto misura 10 cm e forma un angolo di 60° con la base quadrata. Calcola il volume del solido. (Approssima il risultato all'unità)**

Risposta: ..... cm^3

D6 **Determina in quale intervallo è verificata la disequazione $2^{2x} - 2^x - 2 < 0$.**

A $-1 < x < 2$ **B** $0 < x < 1$ **C** $x < 1$ **D** $x > 1$

D7 **L'affidabilità di un apparato elettronico è la misura della probabilità che l'apparato non si guasti. Ogni sistema è generalmente formato da più sottosistemi che possono essere collegati in serie o in parallelo.**
Un sistema costituito da sottosistemi collegati in parallelo è funzionante se *almeno* uno dei sottosistemi è funzionante, mentre un sistema costituito da sottosistemi collegati in serie è funzionante se *ogni* sottosistema è funzionante.
In figura è rappresentato un apparato elettronico con i relativi sottosistemi (A, B, C).

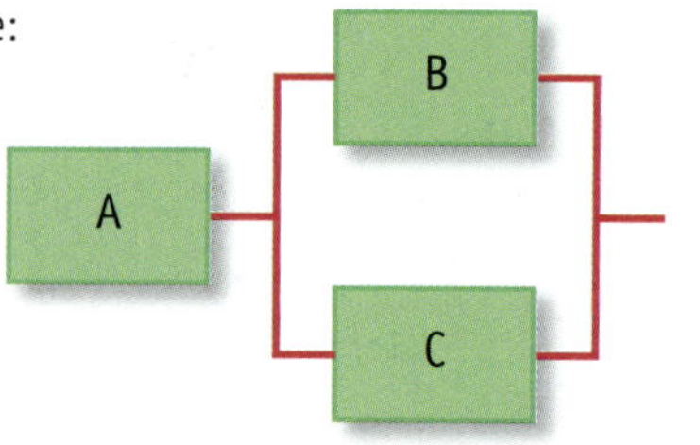

1. Determina la probabilità che l'apparato elettronico si guasti sapendo che:
   - l'evento A: "Il blocco A si guasta" ha probabilità 4%;
   - l'evento B: "Il blocco B si guasta" ha probabilità 2%;
   - l'evento C: "Il blocco C si guasta" ha probabilità 5%.

   (Approssima il risultato a una cifra dopo la virgola.)

   Risposta: ..... %

2. Determina l'affidabilità del sistema.

   Risposta: ..... %

D8 **È dato un triangolo *ABC*.**
Determina perimetro e area del triangolo sapendo che:
- $AC = 10$ **cm**
- $CB = 5\sqrt{2}$
- $\hat{A} = 30°$

(Approssima il risultato a una cifra dopo la virgola.)

Risposta: Perimetro= ..... cm Area = ... cm^2

Simulazione 4

D1 **La seguente tabella mostra i risultati di un test fatto su 186 pazienti per osservare la reazione a due farmaci utilizzati per la cura di una malattia.**

	Migliorati	Non migliorati	Totale
Farmaco 1	57	36	93
Farmaco 2	63	30	93

Qual è la probabilità complessiva di miglioramento per i pazienti che hanno partecipato al test?

A 4%

B 50%

C 56,5%

D 64,5%

D2 **Come si calcola l'altezza del tetraetro in figura in funzione dello spigolo l sapendo che AK è divisa dall'altezza DH in due parti tali che $2KH = HA$?**

A $\frac{\sqrt{5}}{3}l$

B $\frac{l}{2}$

C $\frac{\sqrt{5}}{2\sqrt{3}}l$

D $\frac{\sqrt{6}}{3}l$

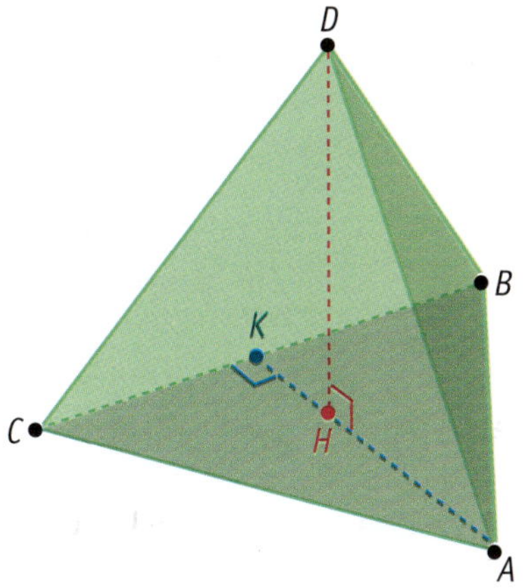

D3 **Una pensilina dell'autobus come quella in figura, con la copertura a forma di semicilindro, deve essere ridipinta di giallo sia internamente che esternamente. Sul contenitore del colore è scritto che servono circa 10 litri per 100 m². La fermata in figura è lunga 4 m, larga 1 e nel punto più alto misura 2,5 metri. Quanta pittura sarà necessaria per l'intera pensilina?**

A Circa 1,7 litri

B Circa 2,4 litri

C Circa 3,4 litri

D Circa 5 litri

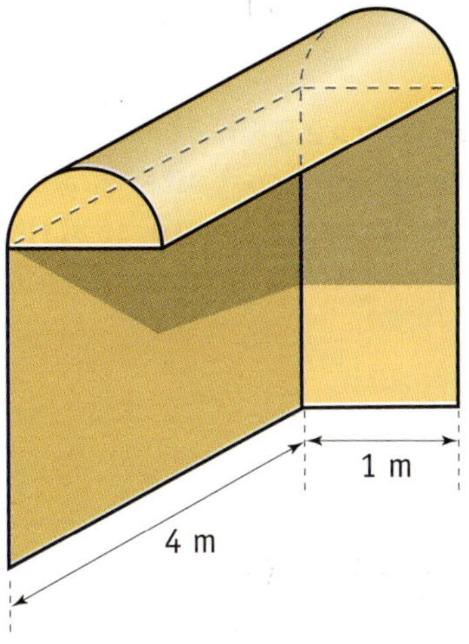

D4 **In tabella sono riportati i dati relativi ai paesi di destinazione degli emigranti italiani rispetto a tre periodi diversi. Indica se ciascuna delle affermazioni seguenti è vera (V) o falsa (F).**

ESPATRI DALL'ITALIA VERSO I PRINCIPALI PAESI DI DESTINAZIONE

	1901-1920	1951-1970	1971-2014
Stati Uniti	3896233	360420	202884
Argentina	1050112	220524	55722
Brasile	429245	92729	45689
Canada	148733	398124	68951
Francia	1237103	799179	196241
Svizzera	1089170	1766064	652212
Germania	876117	906361	826636
Australia	14179	309830	60296

a. Rispetto al totale degli espatri in America tra il 1901 ed il 1920 gli espatriati in Canada rappresentano all'incirca il 2,7%. V F

b. La maggior parte degli Italiani in America è arrivata nel primo ventennio del Novecento. V F

c. Gli italiani in Svizzera sono lo 0,39% circa rispetto agli italiani emigrati in Europa tra il 1971 e il 2014. 1675089 V F

d. L'emigrazione italiana nel periodo 1971-2014 è diminuita in tutti i continenti rispetto al periodo 1901-1920. V F

D5 **Quale dei seguenti volumi è una stima plausibile dello spazio occupato dalla tua penna a sfera?**

A 1 dm^3

B 80 cm^3

C 0,08 m^3

D 8 cm^3

U 2300 m C

D6 **Antonio lavora in un ufficio che dista circa 2,3 km da casa sua. Per andare a lavorare a piedi impiega poco più di 28 minuti camminando a velocità costante. Quale tra le seguenti funzioni rappresenta la distanza da casa *d* di Antonio quando torna dal lavoro, se al ritorno egli cammina alla stessa velocità dell'andata? La distanza è espressa in metri in funzione dei minuti trascorsi e il coefficiente di *t* è approssimato.**

A $d = 2{,}3 - 0{,}08t$

B $d = 2300 - 82t$

C $d = 2300 - 28t$

D $d = 28 - 2{,}3t$

U C 2,3 km 28 min

D7 **L'istogramma mostra la retribuzione maschile e la retribuzione femminile italiana nel 2016 suddivisa per inquadramento professionale.**

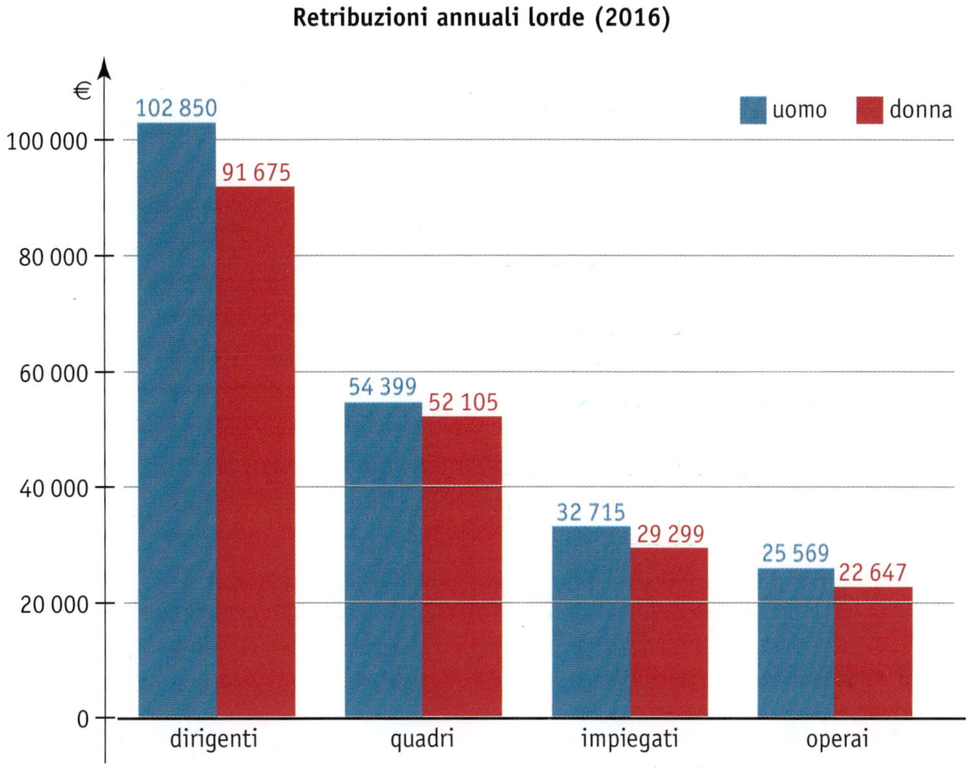

1. Quale categoria presenta il maggior divario tra retribuzione maschile e retribuzione femminile?

   A Operai
   B Impiegati
   C Quadri
   D Dirigenti

2. Quale categoria presenta il maggior divario in percentuale sul totale della retribuzione?

   A Operai
   B Impiegati
   C Quadri
   D Dirigenti

D8 **L'altezza media degli Italiani è di 175 cm per gli uomini e 162,5 cm per le donne, mentre in Scandinavia l'altezza media è di 178,5 cm per gli uomini e di 166 cm per le donne. Che cosa si può dire relativamente all'altezza media complessiva degli abitanti di Italia e Scandinavia?**

A È di $\frac{178,5+175}{2}$ cm per gli uomini e $\frac{166+162,5}{2}$ cm per le donne.

B È di $\frac{178,5+175+166+162,5}{4}$ cm.

C È di $\frac{175+162,5}{2}$ cm + $\frac{178,5+166}{2}$ cm.

D Non si può calcolare con i dati forniti.

D9 **Miriam possiede un appezzamento di terreno in cui coltiva il riso. La figura riporta le dimensioni dell'appezzamento.**

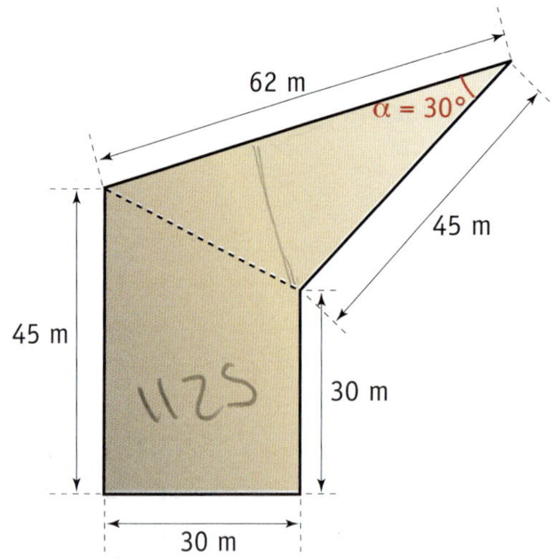

1. Quanti ettari possiede Miriam? (Approssima il risultato alla seconda cifra dopo la virgola.)

Risposta: .... ha

2. Considerando che in risaia vengono seminati 150 kg per ettaro (10 000 m^2), quanti chilogrammi di semi dovrà comperare Miriam per coltivare l'intero terreno (approssima all'unità)?

Risposta: .... kg

D10 **Qual è il risultato del limite $\lim_{x\to\infty} \frac{x}{x^2 - x + 1}$?**

A 0

B 1

C ∞

D $-\infty$

D11 **Sia $k > 1$ intero. Quale grafico tra i seguenti può rappresentare quello della funzione $y - ky = x + k$?**

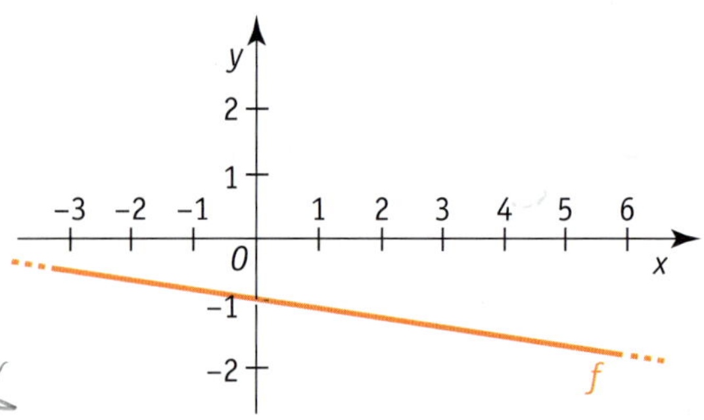

A

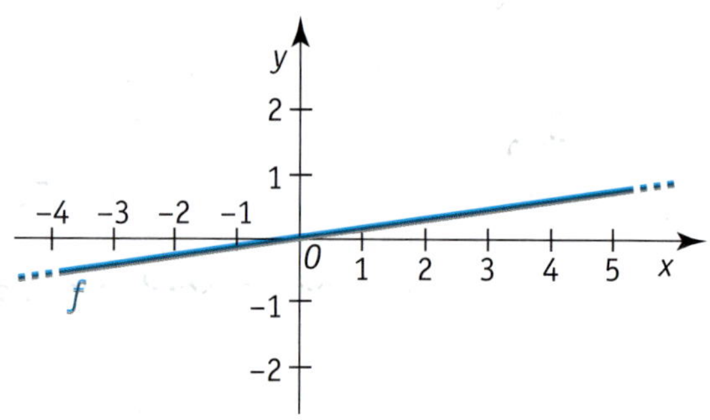

C

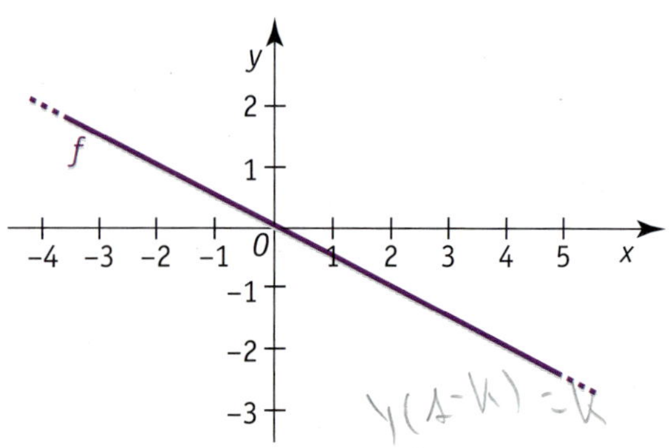

B

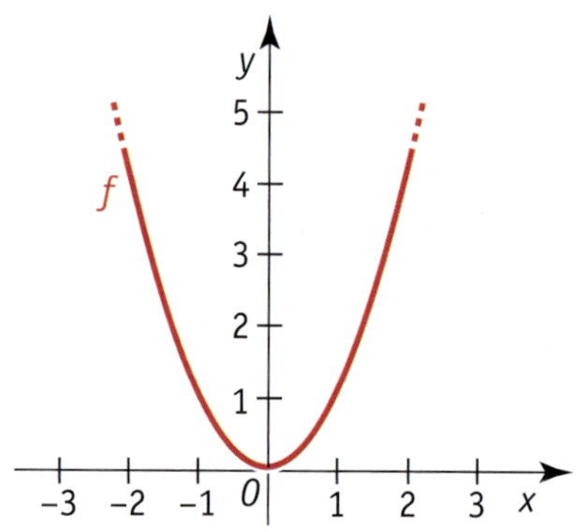

D

D12 **Il grafico approssima la crescita della popolazione degli Stati Uniti (in milioni di abitanti) in funzione del tempo, considerando il periodo che va dal 1790 al 1860.**

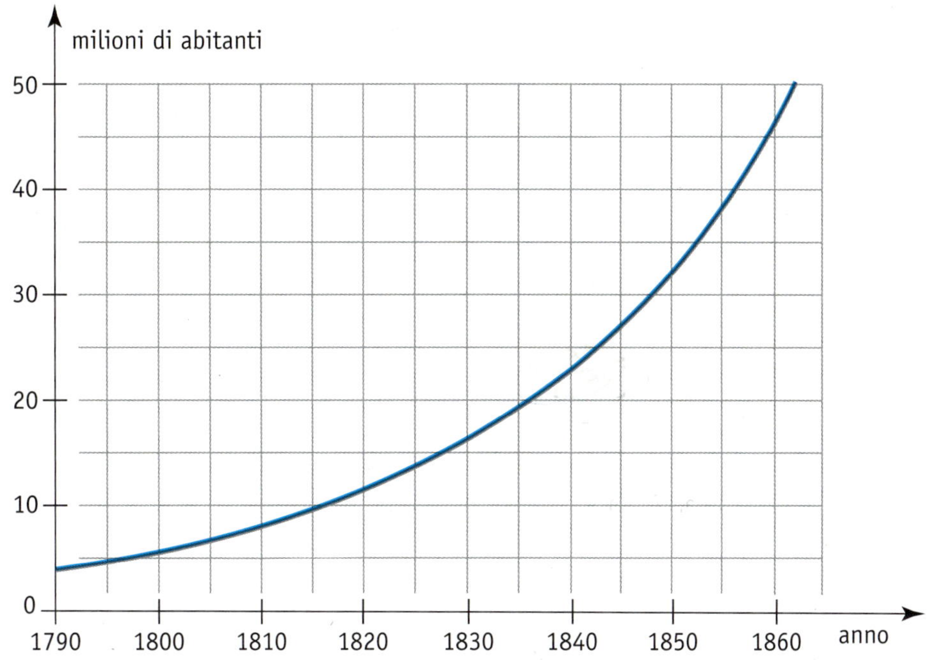

1. In quale periodo la popolazione degli Stati Uniti ha superato i 20 milioni?

- **A** Tra il 1820 e il 1825
- **B** Tra il 1825 e il 1830
- **C** Tra il 1835 e il 1840
- **D** Dopo il 1860

2. L'incremento della popolazione è avvenuto

- **A** soprattutto prima del 1830
- **B** in uguale misura per tutto il periodo rappresentato
- **C** soprattutto dal 1830 in poi
- **D** nel 1860

D13 **Il costo del corso di spagnolo tenuto da una scuola di lingue è stabilito in funzione delle ore di lezione. Un modulo da 25 ore costa 250 euro. Per l'iscrizione alla scuola si devono pagare 25 euro. Inoltre occorre acquistare il libro di testo e il libro di esercizi, che costano rispettivamente 22 euro e 11 euro. Quale equazione rappresenta il costo *C* del corso in funzione delle ore *h*?**

- **A** $C = 10h$
- **B** $C = 58 + 10h$
- **C** $C = 250h + 25$
- **D** $C = 58 + 25h$

D14 **Qual è la soluzione dell'equazione $6^x + 6^{x+1} + 6^{x+2} = 258$?**

- **A** Indeterminata
- **B** $x = 1$
- **C** $x = 6$
- **D** $x = 85$

D15 **Completa la dimostrazione del teorema seguente, selezionando ogni volta la parola corretta tra quelle proposte.**
"Gli angoli opposti di un quadrilatero inscritto in una circonferenza sono supplementari."

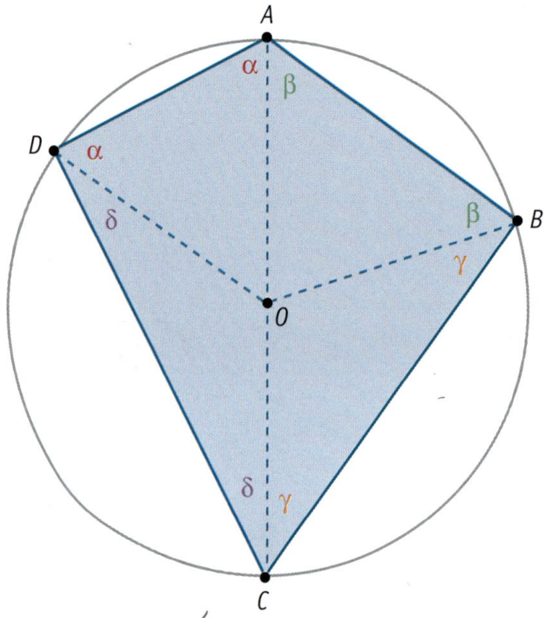

inscritto, congruenti, supplementari, segmenti, isosceli, 180°, 180°, 360°, 360°

Dimostrazione

Sia $ABCD$ un quadrilatero .... in una circonferenza. Siano OA, OB, OC, OD i .... che congiungono il centro della circonferenza ai vertici A, B, C, D del quadrilatero. I triangoli ottenuti sono triangoli ...., di conseguenza gli angoli alla base di ognuno dei triangoli sono ....
Siano α, β, γ, δ tali angoli.
Siccome la somma degli angoli interni di un triangolo è di .... e la somma degli angoli al centro dei quattro triangoli è ...., si ha che

$$2\alpha + 2\beta + 2\gamma + 2\delta + 360° = 4 \cdot 180°$$

Di conseguenza:

$$2\alpha + 2\beta + 2\gamma + 2\delta = \ldots\ldots\ldots\ldots$$

Perciò

$$\alpha + \beta + \gamma + \delta = \ldots\ldots\ldots\ldots$$

Quindi gli angoli opposti del quadrilatero sono ....

D16 **Indica quale funzione corrisponde alla frase seguente:**

$$f(x) \text{ non è definita in 1, } \lim_{x\to\infty} f(x) = 2 \text{ e } f(0) = -3$$

A $f(x) = \dfrac{2x-3}{x-1}$

B $f(x) = \dfrac{x^2+3}{x-1}$

C $f(x) = \dfrac{2x}{x-1}$

D $f(x) = \dfrac{2x+3}{x-1}$

D17 **Considera la funzione che ha il grafico in figura. Indica se ciascuna affermazione è vera (V) o falsa (F) nell'intervallo rappresentato.**

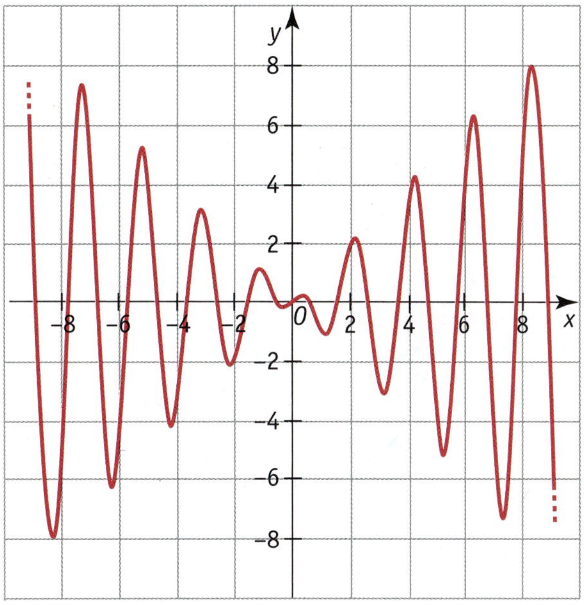

a. La funzione è pari. V F

b. La funzione è simmetrica rispetto all'origine. V F

c. La funzione è periodica. V F

d. $f(2) = -f(-2)$. V F

D18 **La probabilità di durata delle batterie elettriche ha un andamento detto esponenziale, ossia la probabilità $p(x)$ che una batteria abbia una durata uguale o inferiore a t è $p(x \leq t) = 1 - e^{-\beta t}$ con $\beta = \frac{1}{\bar{t}}$ e $\bar{t}$ durata media di una batteria.**
Qual è la probabilità che una batteria duri meno di 100 ore se in media le batterie elettriche hanno una durata di 90 ore (approssima il valore all'unità)?
Risposta: ....

D19 **Metti in ordine crescente i seguenti numeri:**

$$\log_4 2;\ \frac{3}{4};\ e^2;\ 1;\ 0{,}4$$

....

D20 **Elena propone a Francesco una scommessa: tireranno il dado due volte e se usciranno due numeri uguali lei preparerà la cena, altrimenti dovrà prepararla Francesco.**

1. Qual è la probabilità che Elena debba preparare la cena?

A $\frac{1}{36}$

B $\frac{1}{6}$

C $\frac{1}{2}$

D $\frac{2}{3}$

2. Qual è la probabilità che Francesco debba preparare la cena?

A $\frac{35}{36}$

B $\frac{5}{6}$

C $\frac{1}{2}$

D $\frac{1}{3}$

D21 Completa la tabella basandoti sui dati in figura, in cui è rappresentata la percentuale della frequenza di utilizzo delle lettere in un testo italiano.

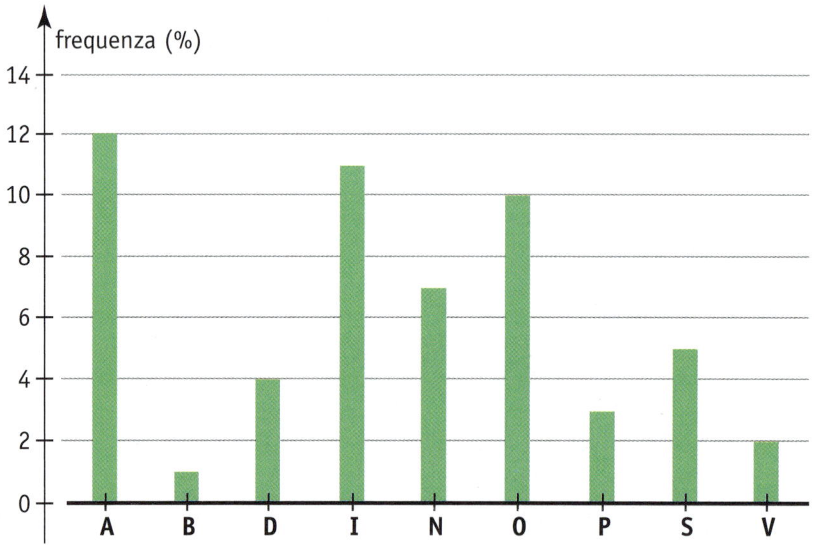

Lettera	Frequenza
A	12
D	4
I	11%
N	7%
P	3%
O	10%

D22 Nella sala di un ristorante i tavoli sono posti come in figura, cioè è possibile tracciare una retta che contenga una delle due diagonali di ciascun tavolo. Lo spazio occupato da un tavolo e quattro sedie è un quadrato di lato 1,8 m avente i lati paralleli a quelli del tavolo. Il salone è lungo 13 m: quanti tavoli si potranno mettere in una fila?

A 4

B 5

C 6

D 7

D23 **Sulla lavagna sono scritti i primi numeri della successione numerica a_n:**

3 4 7 11 18 29 ...

1. Qual è il numero successivo a 29?

   Risposta: ....

2. Come si definisce a_n dati a_{n-1} e a_{n-2}?

   Risposta: a_n = ...

D24 **L'equazione $kx^2 = x - 2$ con $k \in \mathbb{N}$ ha**

A sempre due soluzioni reali distinte

B soluzione solo se $k = 0$

C due soluzioni reali solo se $k \neq 0$

D sempre una soluzione reale

D25 **A che cosa corrisponde la decima parte di $\log_{10}(2^{10})$?**

A $\log_1 2^{10}$

B $\log_{10} 2$

C $\log_{10} \frac{2^{10}}{10}$

D Nessuna delle risposte precedenti è esatta.

D26 **Luigi deve ordinare su internet una nuova ruota per la bicicletta e deve capire quale tra le misure proposte sia quella adatta alla sua bici. Prova a misurare la circonferenza della ruota con un metro da sarta e ottiene una circonferenza di 208 cm.**
Sul sito le ruote disponibili sono descritte dai numeri 26, 27 e 28, che rappresentano il diametro in pollici (1 pollice = 25,4 mm). Qual è la misura della ruota adatta a Luigi?

A 26

B 27

C 28

D Nessuna di quelle disponibili

D27 **Quale fra i seguenti è lo sviluppo piano del poliedro regolare in figura?**

A

B

C

D

D28 **Nel 2016 un team internazionale della University of Nottingham ha stimato il numero di galassie nell'universo arrivando a un ordine di grandezza di 10^{12}. Se supponiamo che ogni galassia abbia un numero di stelle uguale a quello della via Lattea, ossia circa $2 \cdot 10^{11}$ stelle, qual è l'ordine di grandezza del numero di stelle nell'universo?**

A 10^{23}

B 10^{132}

C 10^{12}

D $10^{11} + 10^{12}$

D29 **Tobia deve riempire al fiume 12 taniche d'acqua poste nel magazzino e poi deve portarle al capanno. Osserva l'immagine. Il punto *D* si trova sulla retta perpendicolare al fiume che congiunge *M* e *A*, analogamente il punto *G* si trova sulla retta perpendicolare che congiunge *C* a *B* e il punto *E* si trova sulla retta congiungente *C* e *A*. Inoltre la distanza del fiume dal punto *A* è uguale alla distanza tra il fiume e il magazzino.**
Quale percorso permette a Tobia di fare meno strada, sapendo che deve passare prima dal magazzino poi dal fiume e infine al capanno?

A Il percorso rosso

B Il percorso verde

C Il percorso blu

D Il percorso viola

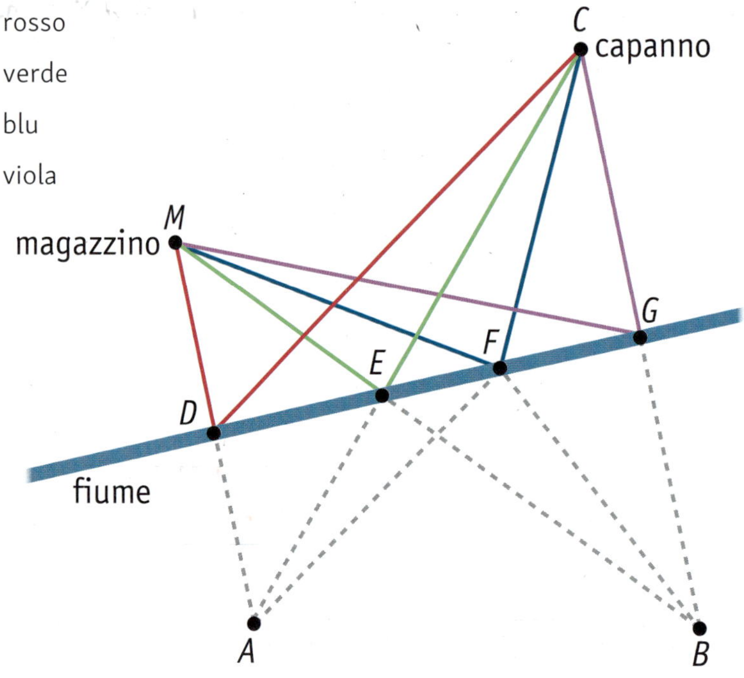

D30 **Indica se ciascuna delle affermazioni seguenti relative al poligono blu in figura è vera (V) o falsa (F).**

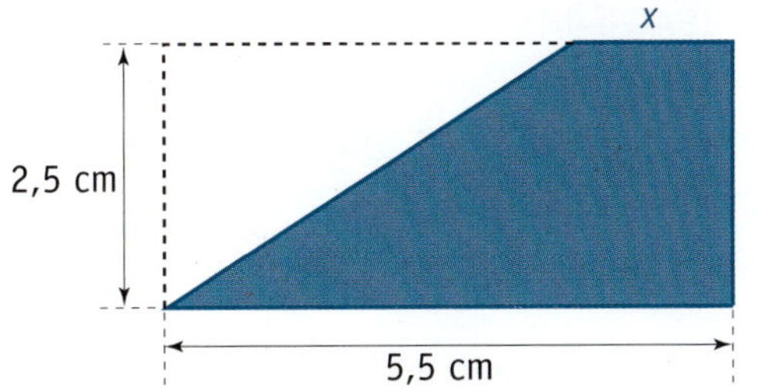

a. La misura dell'area si ottiene calcolando $\frac{(x+5,5)\cdot 2,5}{2}$. V F

b. Il perimetro è uguale al perimetro del rettangolo se $x = 5,5$. V F

c. L'area tende a zero se x tende a zero. V F

d. Il perimetro è sempre minore o uguale al perimetro del rettangolo. V F

D31 **Lorenzo deve comprare un nuovo computer portatile ed è indeciso tra due offerte: nel negozio A il computer da lui scelto costa 358 euro, pagabili in quattro rate con un interesse complessivo del 18%. Nel negozio B lo stesso computer costa 382 euro, pagabile in tre rate con un interesse complessivo del 10%. A Lorenzo quale computer conviene acquistare considerando che opterà per un pagamento rateizzato?**

Risposta: conviene acquistare il computer nel negozio ....

D32 **Maria vuole regalare dei cioccolatini a un'amica. I cioccolatini al latte costano 45 centesimi l'uno mentre quelli al gianduia ne costano 55. Il negoziante le propone una scatola da 25 cioccolatini per un totale di 12,55 euro. Quanti cioccolatini per tipo ci sono nella scatola?**

A 12 al latte e 13 al gianduia

B 24 al latte e 20 al gianduia

C 10 al latte e 15 al gianduia

D 16 al latte e 12 al gianduia

D33 **Il grafico rappresenta la variazione del PIL pro capite in Italia dal 1861 al 2015. Indica se ciascuna delle seguenti affermazioni è vera (V) o falsa (F).**

a. Il PIL è cresciuto soprattutto dal 1945 al 2007. V F

b. La variazione del PIL tra il 1940 e il 1945 è simile alla variazione avvenuta tra il 2010 e il 2014. V F

c. L'aumento del PIL avvenuto tra il 1861 ed il 1940 è circa uguale alla sua diminuzione avvenuta tra il 1940 ed il 1945. V F

d. Il PIL pro capite è stato di 27000 euro in più di un'occasione nel periodo rappresentato. V F

D34 Tommaso sostiene che esistano due numeri naturali x e y tali che $\ln(-x) < y$: ha ragione?

A No, perché il logaritmo di un numero negativo non è definito.

B No, perché il logaritmo si definisce solo sui numeri reali.

C Sì, è sufficiente risolvere la disequazione $-x < e^y$.

D Sì, perché il logaritmo assume valori nell'insieme dei numeri reali.

D35 In un istituto comprensivo di Roma viene fatta un'indagine sul numero di libri letti in un anno dagli studenti. I dati ottenuti sono riportati in tabella.

Libri letti	Studenti
Nessuno	57
Da 1 a 3	132
Da 4 a 6	58
Da 7 a 9	35
Da 10 a 16	15

Qual è la media dei libri letti dagli studenti della scuola?

Risposta: circa .... libri all'anno

D36 Nell'immagine sono rappresentate le funzioni $f(x)$ e $g(x)$.

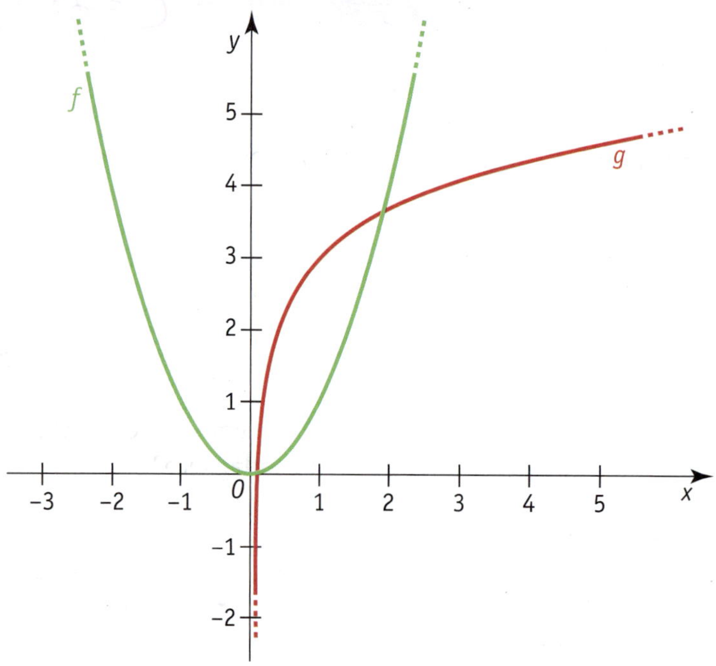

Quante soluzioni ha il sistema $\begin{cases} y = f(x) \\ y = g(x) \end{cases}$ nell'intervallo rappresentato?

A 0

B 1

C 2

D Infinite soluzioni comprese tra 0 e 2

D37 Il grafico in figura rappresenta la suddivisione degli iscritti all'università in Italia in base al genere. Indica se ciascuna delle affermazioni seguenti è vera (V) o falsa (F).

Università – percentuale di iscritti per sesso

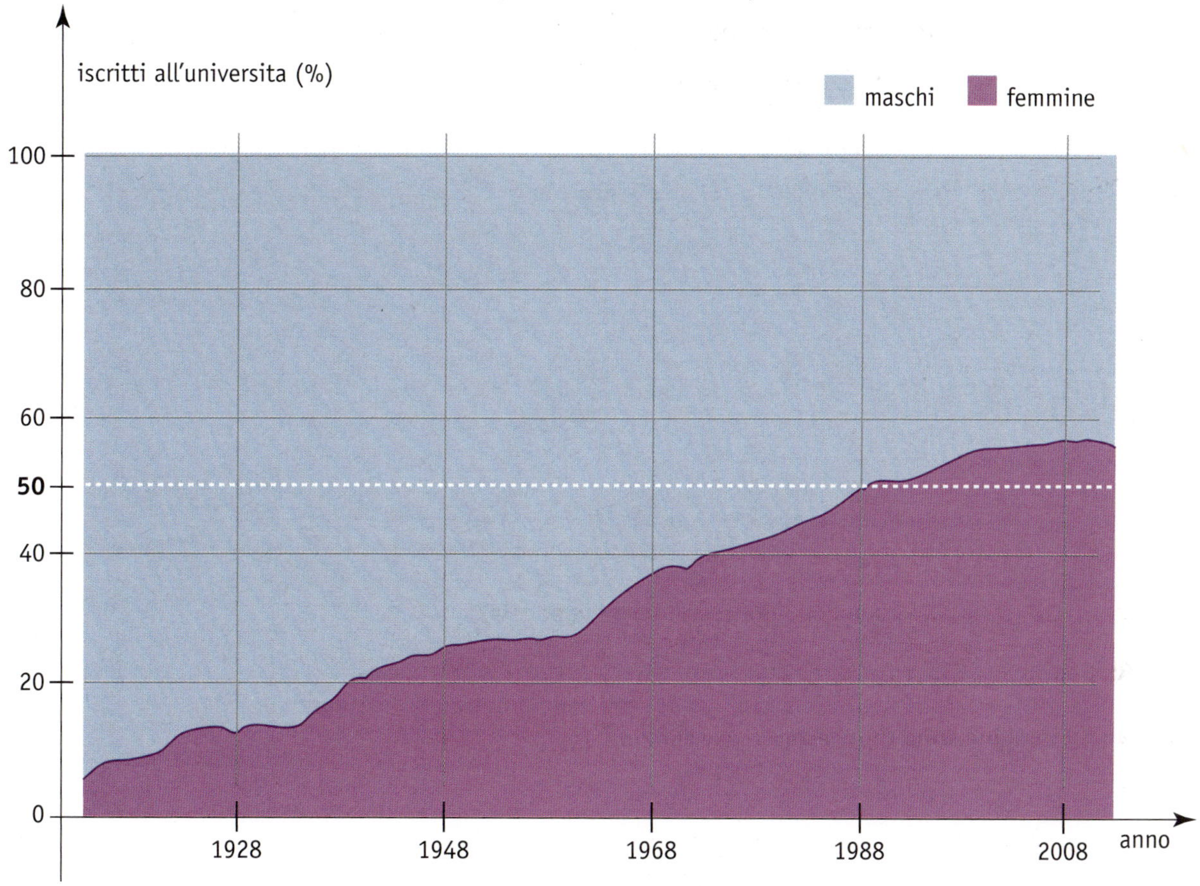

a. Gli uomini iscritti all'università nel 1968 sono più del 60%. V F

b. Attorno al 1995 le donne iscritte all'università sono più degli uomini. V F

c. Fra il 1928 e il 1948 le donne iscritte all'università erano circa il 20% del totale. V F

d. La linea tratteggiata indica la media degli iscritti all'università per anno. V F

D38 Un'azienda produce oggetti a un costo in euro C che dipende dal numero n di oggetti prodotti: $C = 250 + 1{,}2n$.
Ogni oggetto viene venduto al prezzo di 3 euro. Qual è il numero di oggetti che deve vendere l'azienda per coprire i costi di produzione e iniziare a guadagnare?

A $n \geq 84$

B $n \geq 139$

C $n \geq 138$

D $n \geq 208$

D39 **Il grafico rappresenta il profilo altimetrico di un'escursione sulla Gobba di Rollin, nelle alpi del Monte Rosa. Indica se ciascuna affermazione è vera (V) o falsa (F).**

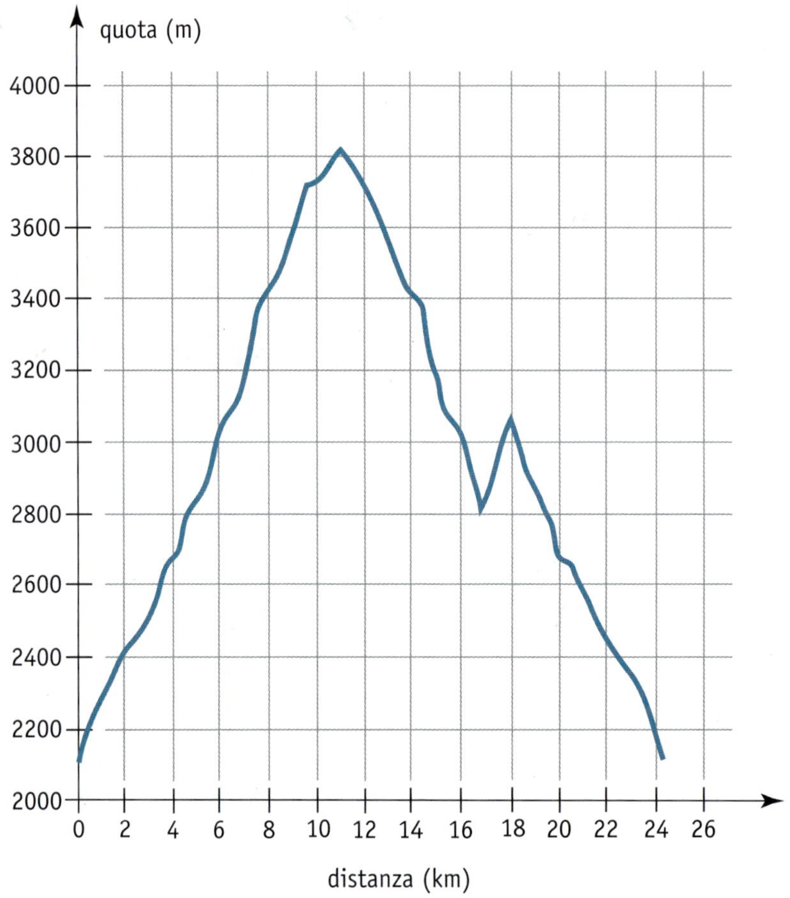

a. Il tragitto percorso è di circa 24 km. V F

b. Si deve passare da circa 2800 m a circa 3000 m due volte in salita e due volte in discesa. V F

c. Il grafico mostra che il tempo impiegato per raggiungere la vetta è uguale a quello impiegato per tornare alla quota di partenza. V F

d. L'escursione è iniziata a circa 2100 m di quota. V F

D40 **Il treno delle 17:30 da Milano per Biella ha probabilità di partire con meno di 5 minuti di ritardo uguale in media a 0,7. I ritardi maggiori sono stati riscontrati il venerdì, con probabilità di partire con meno di 5 minuti di ritardo che scende a 0,4, mentre la probabilità che il treno parta con meno di 5 minuti di ritardo tra il lunedì e il giovedì è costante e uguale a 0,7.**

1. Se questo martedì arrivo in stazione con cinque minuti di ritardo, quale probabilità ho di prendere il treno?

   Risposta: 0,3 ....

2. Quali valori non può assumere la probabilità che il treno parta con meno di cinque minuti di ritardo la domenica?

   A 0,85

   B 0,75

   C 0,55

   D 0,9

DOMANDE SPECIFICHE PER IL LICEO SCIENTIFICO

D1 **Sia $z = x + iy$ un numero complesso. L'insieme dei punti tali che $|z - 1| = |z - i|$ è rappresentato sul piano $(x; y)$ da**

A un cerchio

B una retta di equazione $x = y$

C una retta di equazione $x = 2y$

D una parabola di equazione $y = x^2 - 1$

D2 **Nella teoria della relatività si afferma che la massa di un corpo aumenta all'aumentare della velocità del corpo secondo la formula**

$$m = \frac{m_0}{\sqrt{1 - \frac{v^2}{c^2}}}$$

Dove m_0 è la massa a riposo del corpo, c è la velocità della luce (circa 300 000 km/s) e v è la velocità del corpo.
Quale velocità deve avere un corpo con $m_0 = 65$ kg affinché la sua massa aumenti di 1 kg circa?

A $5 \cdot 10^4 \frac{\text{km}}{\text{s}}$

B $5 \cdot 10^3 \frac{\text{km}}{\text{s}}$

C $2 \cdot 10^7 \frac{\text{km}}{\text{s}}$

D La velocità dovrebbe essere maggiore di quella della luce, quindi non si può calcolarla.

D3 **Da un'urna che contiene 5 palline rosse e 4 palline gialle si estraggono due palline contemporaneamente. Qual è la probabilità che le due palline siano entrambe rosse?**

A 20%

B 28%

C 30%

D 55%

D4 **Sia R una rotazione antioraria di angolo $\frac{\pi}{6}$ rispetto al punto (0; 2) sul piano. L'asse y dopo la rotazione risulta inclinato rispetto alla posizione di partenza. Qual è, nel riferimento iniziale, la retta su cui si troverà l'asse y dopo la rotazione?**

A $y = \sqrt{3}x + 2$

B $y = -\sqrt{3}x + 2$

C $y = -2x + \sqrt{3}$

D $y = x$

D5 **In un parco in città si sta per iniziare un festival di artisti di strada. Durante uno spettacolo alcuni artisti dipingeranno un pannello montato su una struttura parabolica presente nel parco. La parabola formata dalla struttura ha equazione $y = \frac{-x^2}{4} + 2x$.**

1. Se si monta come in figura alla struttura parabolica un pannello alto k metri, qual è la misura dell'area totale del pannello?

A $k\left(-\frac{k}{4}+2\right)$

B $4k\left(\sqrt{4-k}\right)$

C $2k\left(\sqrt{4-k}\right)$

D $4k+2\sqrt{4-k}$

2. Quale altezza deve avere il pannello in figura perché la sua area sia massima?

Risposta: .... metri

D6 **Sia $s(n) = \int_{n-1}^{n} \frac{1}{x}dx$ una successione con n intero e $n \geq 3$. Indica se ciascuna delle seguenti affermazioni è vera (V) o falsa (F).**

a. Se $n = 3$ allora $s(n) = \ln(3)$. V F

b. Si ha che $\lim_{n\to\infty} \int_{n-1}^{n} \frac{1}{x}dx = 1$. V F

c. La successione assume sempre valori positivi. V F

d. La successione è decrescente. V F

D7 **Il grafico approssima la crescita della popolazione degli Stati Uniti (in milioni di abitanti) in funzione del tempo, considerando il periodo che va dal 1790 al 1860.**

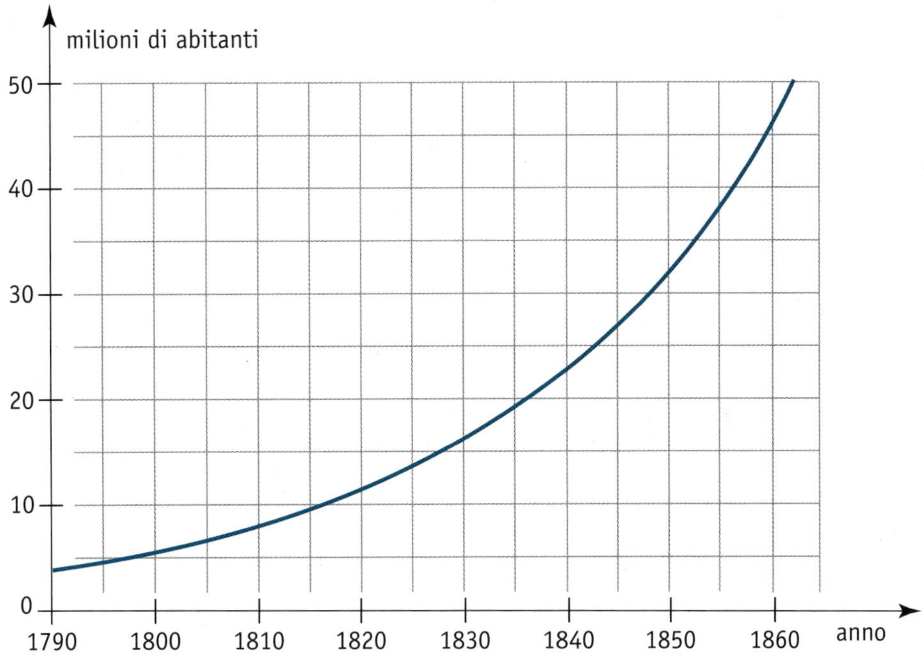

Quale tra le seguenti funzioni descrive il grafico in figura nell'intervallo rappresentato?

A $N(t) = 0{,}034\ln(1790t)$

B $N(t) = e^{0{,}034(t-1790)}$

C $N(t) = t^2 - 1790t$

D $N(t) = 0{,}034t + 1790$

D8 **In un laboratorio viene misurato il volume di alcuni parallelepipedi in rame. Le misure ottenute, in mm^3, sono le seguenti:**

50,3 51 50,8 49,9 49,7 50,1 50,3 50 50,9 49,6

1. Calcola il volume medio dei parallelepipedi.

   Risposta: .... mm^3

2. Calcola la deviazione standard sulla media.

   Risposta: .... mm^3

DOMANDE SPECIFICHE PER GLI ISTITUTI TECNICI

D1 **Un medico è impegnato nello studio della pressione sistolica di due gruppi di pazienti. La media della pressione massima nei pazienti del gruppo *A* è 120,7, mentre la media nei pazienti del gruppo *B* è 122,3. La deviazione standard calcolata sui due gruppi è rispettivamente 39,2 e 18,1.**
Indica se ciascuna delle seguenti affermazioni è vera (V) o falsa (F).

a. Nei pazienti del gruppo *A* la pressione è mediamente inferiore rispetto ai pazienti del gruppo *B*. V F

b. Ai pazienti del gruppo B è associata una variabilità minore in relazione alla pressione sistolica misurata. V F

c. Lo stato di salute dei pazienti del grupo *B* è migliore rispetto al gruppo *A* perché la deviazione standard dei valori di pressione è minore. V F

d. La pressione di ciascun paziente del gruppo *A* assume valori più vicini alla media del suo gruppo rispetto a ciascun paziente del gruppo *B*. V F

D2 **Come si calcola l'area del triangolo isoscele *ABC*, inscritto in una circonferenza di raggio *r*, in funzione di *x*?**

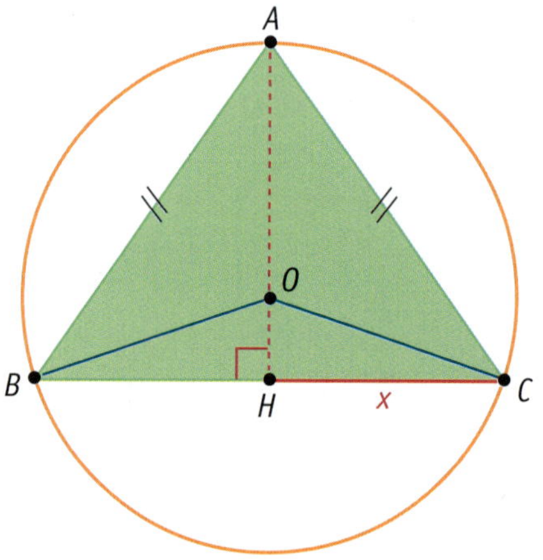

A $2x\left(\sqrt{r^2-x^2}\right)$

B $2x\left(r+\sqrt{r^2-x^2}\right)$

C $xr+x\sqrt{r^2-x^2}$

D $\dfrac{x\left(\sqrt{r^2-x^2}\right)}{2}$

D3 **Nel capannone di una fabbrica tessile si stanno montando nuovi macchinari in file lunghe 130 metri e perpendicolari a un lato del capannone. Gli operai montano per errore la prima macchina a un angolo di 2° rispetto alla direzione perpendicolare fissata, e procedono in quella direzione per i 130 metri successivi. Al fondo del capannone di quanto risulterà spostato il macchinario finale della fila rispetto alla posizione di progetto?**

A Meno di 1 cm

B Circa 50 cm

C Circa 5 m

D Più di 100 m

D4 **Una catena di negozi di abbigliamento ha deciso di premiare alcuni clienti con dei buoni regalo. I due terzi dei buoni sono argentati, mentre un terzo dei buoni è dorato. Grattando la superficie del buono appare un premio.**
Se un cliente ottiene un buono argentato ha probabilità uguale a 0,06 di vincere 50 euro e probabilità uguale a 0,12 di vincere 20 euro.
I buoni dorati invece danno la possibilità di vincere sempre: si vincono 100 euro con probabilità uguale a 0,05 e si vincono 10 euro con probabilità uguale a 0,15, per il resto si vincono tra 2 e 8 euro.
Se un cliente riceve un buono a caso, qual è all'incirca la probabilità che vinca una cifra maggiore o uguale a dieci euro?

A 0,19%

B 19%

C 0,38%

D 38%

D5 **Quale tra le seguenti coppie di grafici rappresenta il sistema** $\begin{cases} yx = 2 \\ x^2 = 4 - y^2 \end{cases}$**?**

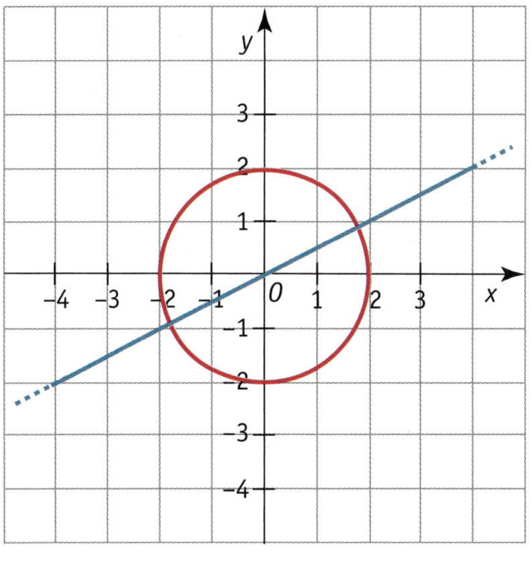

A

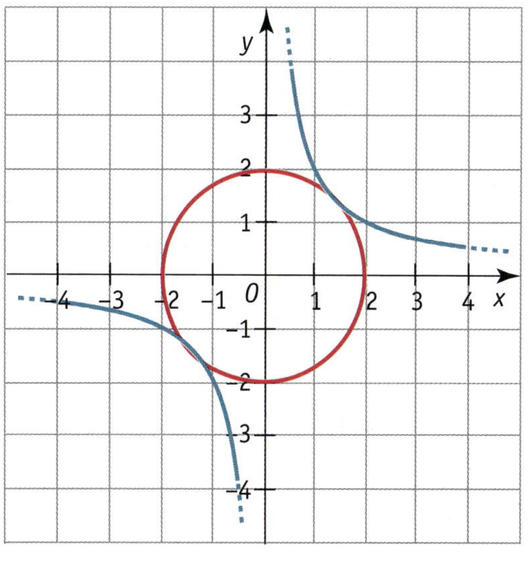

C

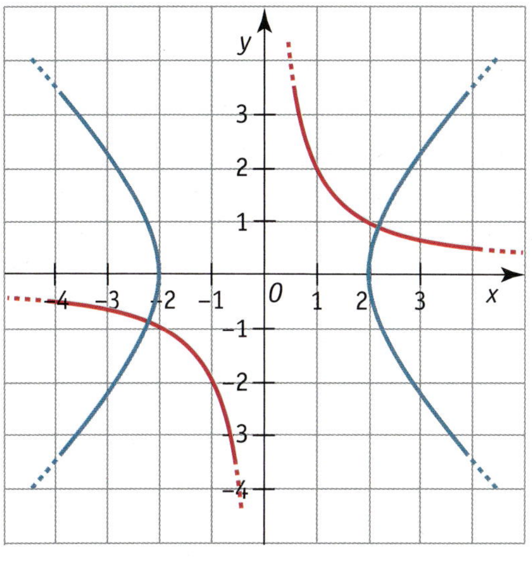

B

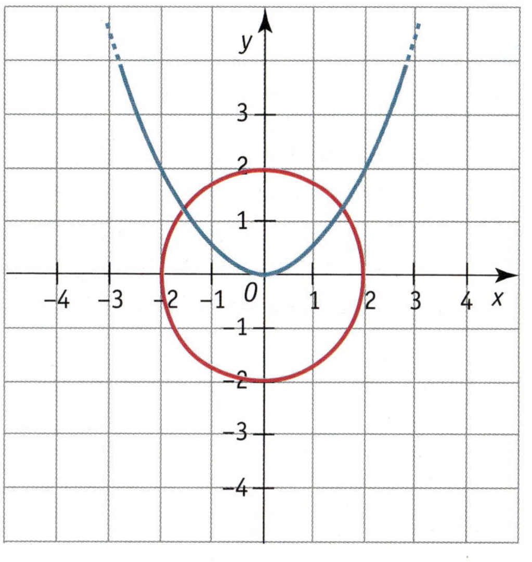

D

D6 **La funzione di Cobb-Douglas è utilizzata per esprimere la quantità Q prodotta di un certo bene in funzione del lavoro L e del capitale K impiegati ed è definita da**

$$Q = cK^{\alpha}L^{\beta}$$

Con $c > 0$, $0 < \alpha, \beta < 1$.
Come si esprime L in funzione della quantità prodotta e del capitale impiegato?

A $L = c^{\frac{1}{\beta}}K^{\frac{\alpha}{\beta}}Q^{\frac{-1}{\beta}}$

B $L = c^{\beta}K^{\alpha\beta}Q^{-\beta}$

C $L = \dfrac{Q^{\frac{1}{\beta}}}{c^{\frac{1}{\beta}}K^{\frac{\alpha}{\beta}}}$

D $L = \dfrac{Q^{\beta}}{c^{\beta}K^{\alpha\beta}}$

D7 **Completa la dimostrazione dell'enunciato: inserisci le parole mancanti scegliendole tra quelle proposte.**
"Dato il cubo in figura, il segmento GA è perpendicolare al piano formato dai punti H, F, C."

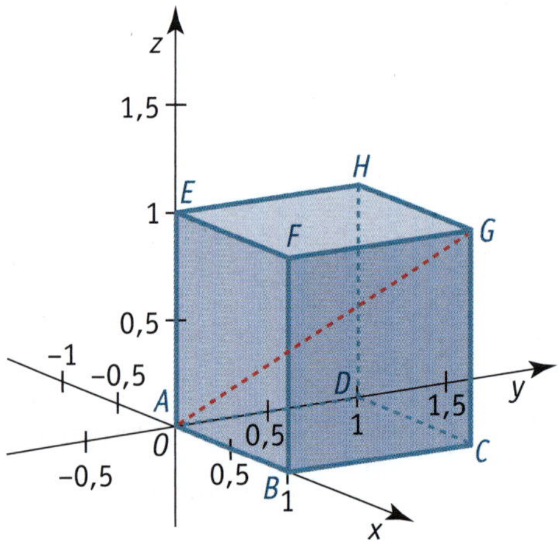

(0, 0, 0), (1, 1, 1), (0, −1, 1), (−1, 0, 1), (0, $\sqrt{2}$, 1), ($-\sqrt{2}$, 0, $\sqrt{2}$), 0, 0, perpendicolare, parallelo, parallelo

Dimostrazione

Il punto A ha coordinate ...., il punto G ha coordinate .... Il piano passante per H, F, C è generato dai vettori FC e HC. Il vettore FC è .... al vettore .... e il vettore HC è .... al vettore .... I prodotti scalari tra i vettori che generano il piano e il vettore AG risultano $AG \cdot FC =$ .... e $AG \cdot HC =$ ....
Di conseguenza il vettore AG è .... al piano generato da FC e da HC, ossia il piano passante per H, F, C.

D8 **Qual è la soluzione della disequazione $\ln(-2x^2 + 1) > 1$?**

A $-\sqrt{\dfrac{-e+1}{2}} < x < \sqrt{\dfrac{-e+1}{2}}$

B Impossibile

C $-\dfrac{1}{\sqrt{2}} < x < \dfrac{1}{\sqrt{2}}$

D Indeterminata

Simulazione 5

D1 **Data la funzione $f(x) = 2e^{x+1}$ determina quale tra le seguenti è l'equazione di f^{-1}.**

A $f^{-1}(x) = \dfrac{\ln x}{2} - 1$

B $f^{-1}(x) = \ln\dfrac{x}{2} - 1$

C $f^{-1}(x) = \ln\dfrac{x-1}{2}$

D $f^{-1}(x) = \dfrac{\ln(x-1)}{2}$

D2 **È data l'equazione $e^{k+k^2} = 1$. Indica se ciascuna delle seguenti affermazioni è vera (V) o falsa (F).**

a. L'equazione ha due soluzioni entrambe appartenenti all'insieme dei numeri interi. V F

b. L'equazione ammette un'unica soluzione nell'insieme dei numeri reali. V F

c. L'equazione ammette due soluzioni nell'insieme dei numeri reali. V F

d. L'equazione ammette una soluzione nell'insieme dei numeri naturali. V F

D3 **Siano $f(x) = x - 1$ e $g(x) = x^2$ due funzioni da $\mathbb{R}$ in $\mathbb{R}$.**
Qual è la funzione composta $h = f \circ g$?

A $h(x) = (x-1)^2$

B $h(x) = x^2 - 1$

C $h(x) = x^2(x-1)$

D $h(x) = (x^2 - 1)^2$

D4 **Indica quale tra i seguenti problemi si risolve con il sistema** $\begin{cases} x - y = 2 \\ x + y = 24 \end{cases}$

A La differenza tra due numeri reali è 2 e il secondo numero è 24 volte il primo. Quali sono i due numeri?

B Marta e Michela insieme hanno 24 anni, e fra di loro ci sono due anni di differenza. Quali sono le età di Marta e di Michela?

C In un bar c'è un'offerta sulla colazione: brioche e cappuccino costano 2 euro. Stamattina al bar hanno scelto questa opzione in 12. Quanto ha incassato il bar dalle colazioni?

D Due magliette costano 24 euro in totale e una maglietta costa il doppio dell'altra. Quanto costa ogni maglietta se vengono comprate insieme?

D5 **1. Nella roulette ci sono 36 numeri più lo zero. Qual è la probabilità che giocando alla roulette esca un numero maggiore o uguale a 25 e minore o uguale a 30?**

A $\dfrac{6}{36}$

B $\dfrac{5}{36}$

C $\dfrac{5}{37}$

D $\dfrac{6}{37}$

2. **Se si punta sui numeri indicati sopra e sui multipli di 8 diversi da zero, qual è la probabilità di vincere?**

A $\frac{4}{37}$

B $\frac{10}{37}$

C $\frac{10}{36}$

D $\frac{8}{37}$

D6 **Metti in ordine crescente i numeri seguenti:**

$$\log_3 81; \quad e^2; \quad e^{-4} \quad 64^{\frac{1}{6}}; \quad \log_5 125$$

....

D7 **Osserva il triangolo in figura. Quale tra le seguenti è la misura di una delle altezze del triangolo (approssimata ai millimetri)?**

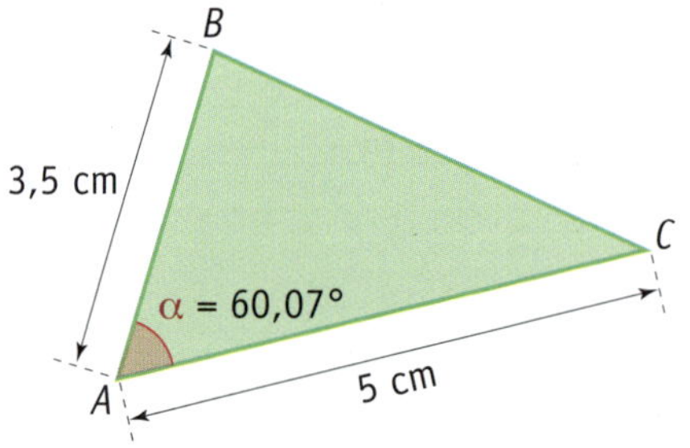

A 3,5 cm

B 4,3 cm

C 5 cm

D 5,9 cm

D8 **La tabella mostra il risultato di una votazione effettuata su quattro classi di un liceo relativamente alla scelta dello sport da praticare nel secondo quadrimestre.**

	Nuoto	Arrampicata	Tennis
Ragazzi	17	18	12
Ragazze	14	19	12

1. Prendendo uno studente a caso tra quelli che hanno partecipato al sondaggio, qual è la probabilità che sia un maschio? (Approssima il risultato al valore intero.)
Risposta: .... %

2. Se si chiede a una ragazza quale sport farà nel secondo quadrimestre, con quale probabilità risponderà che sceglie nuoto? (Approssima il risultato al valore intero.)
Risposta: .... %

D9 **Un gruppo di amici compra in panetteria pizze e focacce per il pranzo. Due ragazzi si dividono il conto. Sul primo scontrino sono segnate 7 focacce e 4 pizze per un totale di 16,40 euro, mentre sul secondo sono segnate 5 pizze e 6 focacce per un totale di 17,20 euro.**
Quanto costa una focaccia?

A 1 euro   B 1,20 euro   C 1,50 euro   D 2 euro

D10 **1.** **Per aprire un lucchetto è necessario inserire un codice di tre numeri compresi fra 0 e 9. Quante sono le combinazioni possibili?**

A 3^{10} B 10^3 C $3 \cdot 10$ D 100

2. **Se si ricorda solo la prima cifra della combinazione, quante sono le combinazioni possibili da inserire per aprire il lucchetto?**

A $10 \cdot 2$ B 10^2 C 11 D 3^9

D11 **L'insegna di un bar è una tazza cilindrica alta 1,2 m su cui è scritto il nome del locale. Le tazze in cui il bar serve il cappuccino sono simili a quella dell'insegna, ma hanno un diametro di 8 cm e sono alte 10 cm.**

Quanti litri di cappuccino potrebbe contenere all'incirca la tazza dell'insegna se venisse riempita?

A 21 litri

B 87 litri

C 870 litri

D 2100 litri

D12 **Michele ha deciso di fare dipingere la parete di una delle sale del suo ristorante. Il tipo di pittura che vuole fare applicare è di due tipi: uno per la parte centrale rotonda, con tariffa di 20 euro al metro quadro, e l'altro per la parte restante, con tariffa di 12 euro al metro quadro. Le misure della parete sono indicate in figura.**

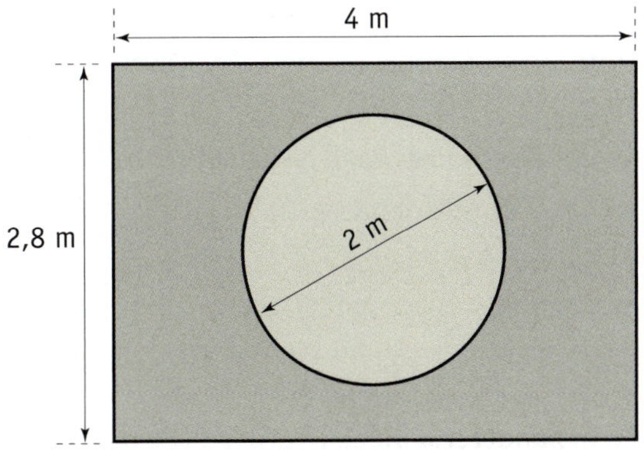

Il costo totale poi andrà aumentato del 10%, perché l'impresa scelta da Michele è lontana e perciò pratica una tariffa aggiuntiva. Quanto spende Michele per fare dipingere la parete? (Approssima il risultato a un numero intero.)

Risposta: .... euro

D13 **Quale tra le seguenti funzioni può essere rappresentata dal grafico in figura?**

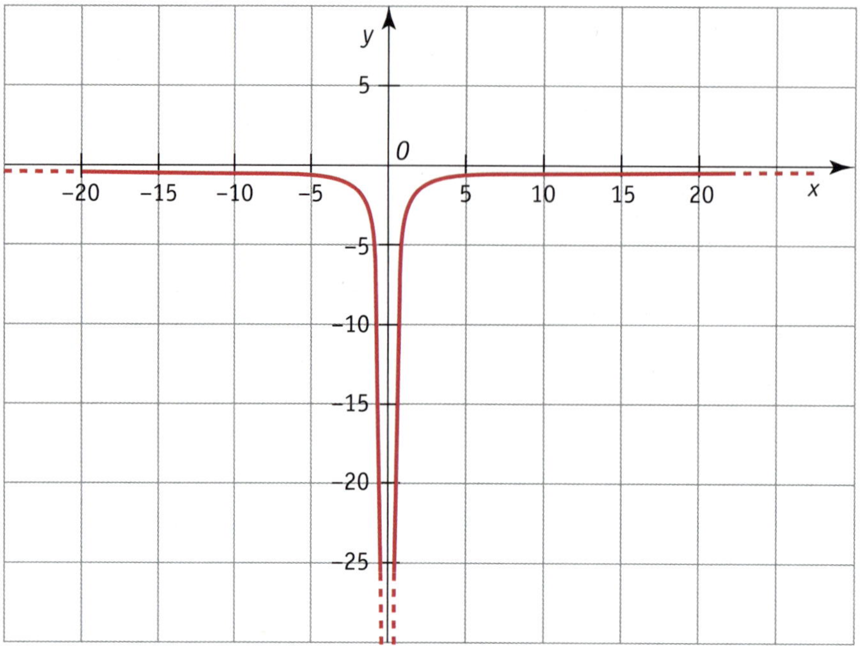

A $y = -\frac{3}{x^2}$

B $y = \frac{3}{x^2}$

C $y = -\frac{3}{x^2+1}$

D $y = \frac{3}{x^2+1}$

D14 **La terza legge di Keplero descrive il periodo di rivoluzione di un pianeta intorno al Sole. Essa è espressa dalla formula seguente:**

$$T^2 = \frac{4\pi^2}{GM_S} r^3$$

M_S è la massa del Sole, G è la costante di gravitazione universale, r è il raggio dell'orbita del pianeta attorno al Sole (si approssima l'orbita come se fosse circolare).
Indica se ciascuna delle seguenti affermazioni è vera (V) o falsa (F).

a. Se la distanza del pianeta dal Sole aumenta, il periodo di rivoluzione diminuisce. V F

b. Il periodo T e la distanza r sono direttamente proporzionali. V F

c. Il quadrato del periodo di rivoluzione è uguale al prodotto di una costante per il cubo della distanza del pianeta dal Sole. V F

d. Il periodo di rivoluzione della Terra è maggiore del periodo di rivoluzione di Mercurio, perché la Terra è più distante dal Sole rispetto a Mercurio. V F

D15 **La funzione h è definita in $[-3, 3]$ ed è tale che:**

- è dispari;
- ha tre zeri;
- nell'intervallo $[0, 3]$ ha un punto di massimo.

Tra i seguenti grafici, quale può essere quello della funzione h?

A

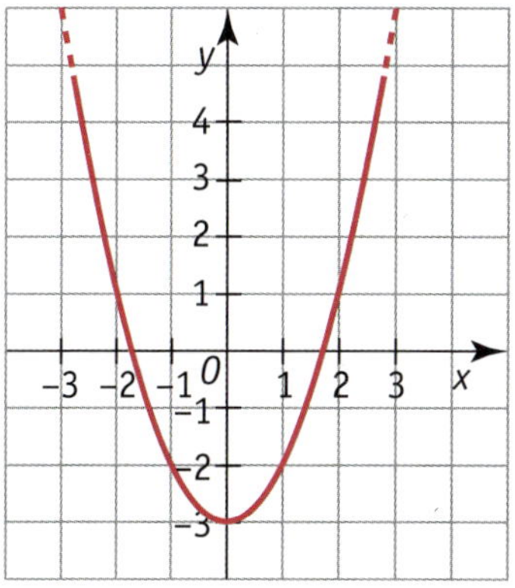

C

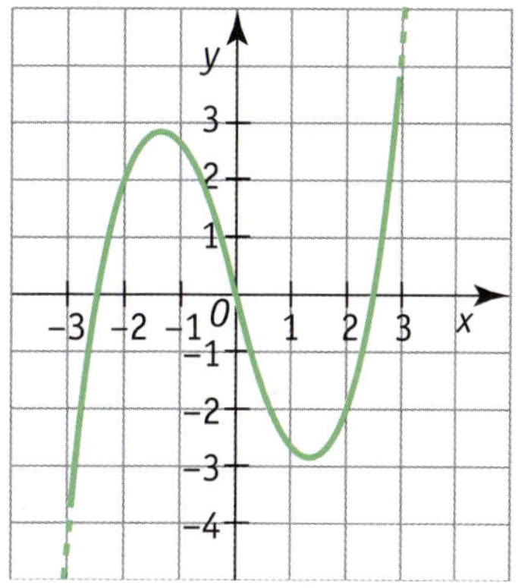

B

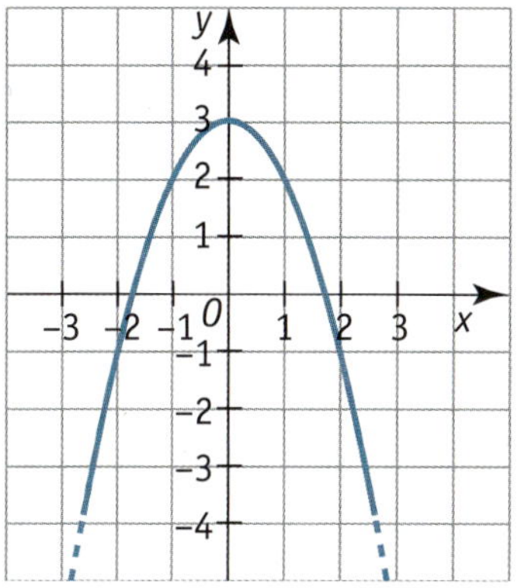

D

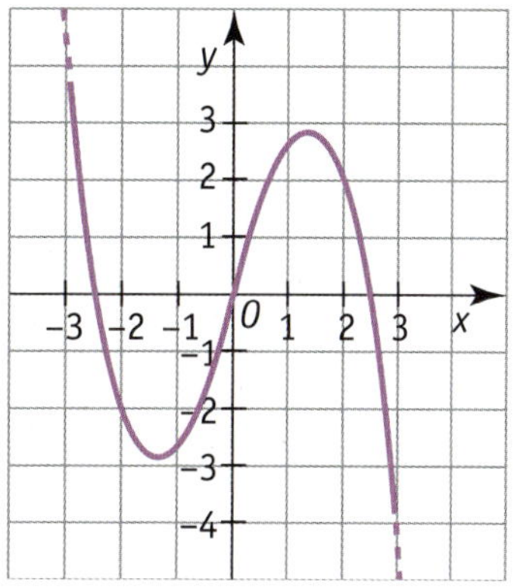

D16 **Il grafico, riferito ai Paesi dell'Unione Europea, mostra la percentuale di abbandono scolastico nel 2016 tra i giovani dai 18 ai 24 anni, ossia la percentuale di giovani che non sono più in formazione e hanno al più il titolo di scuola secondaria di primo grado o una qualifica di durata non superiore ai 2 anni.** *(Fonte: Eurostat)*

Abbandono scolastico nei Paesi UE (2016)

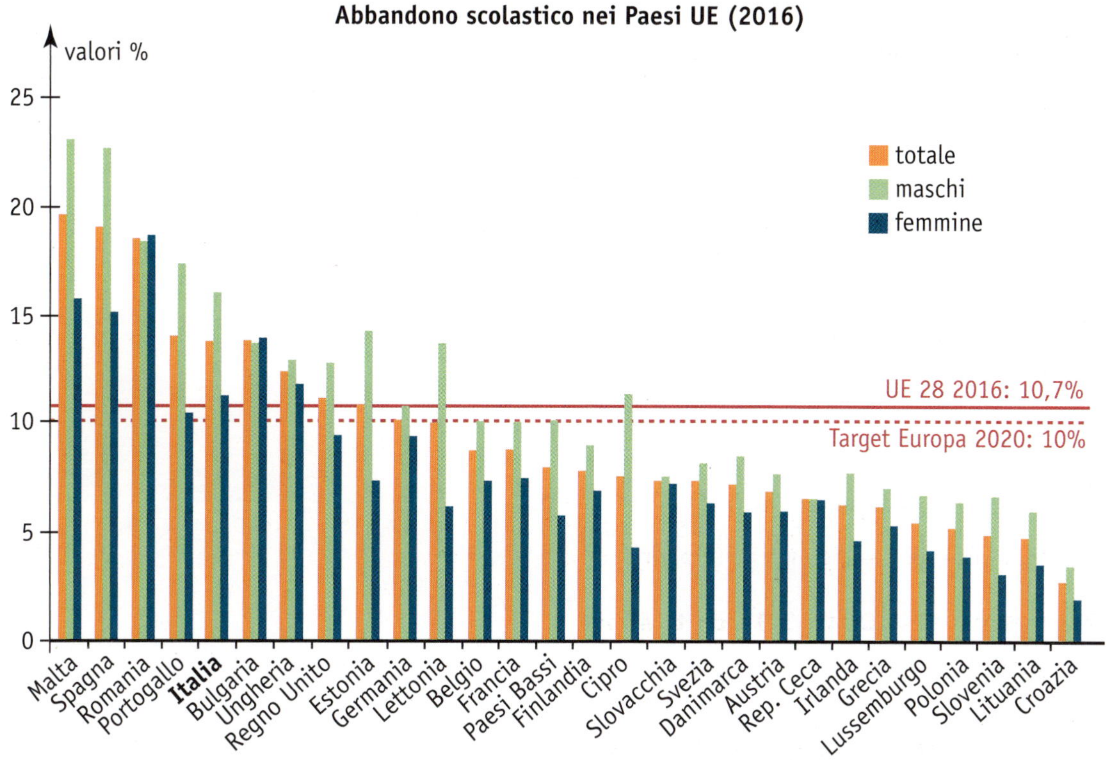

Indica se ciascuna delle affermazioni seguenti è vera (V) o falsa (F).

a. La linea orizzontale tratteggiata indica la media da raggiungere nel 2020. V F

b. Più del 50% degli stati europei presenta una percentuale di abbandono scolastico inferiore alla media UE. V F

c. La media degli abbandoni scolastici tra Italia, Francia e Spagna è circa uguale alla media di abbandoni scolastici tra Francia e Spagna. V F

d. In tutti i paesi europei la percentuale di abbandono tra i ragazzi è più alta di quella tra le ragazze. V F

D17 **Considera l'espressione algebrica $(x + 2)(x^2 + k)$ con k intero. Indica se ciascuna delle seguenti affermazioni è vera (V) o falsa (F).**

a. Se $k > 0$ l'equazione $(x + 2)(x^2 + k) = 0$ ha una soluzione reale. V F

b. Se $k < 0$ l'equazione $(x + 2)(x^2 + k) = 0$ ha due soluzioni reali. V F

c. Se k è un numero positivo, per ogni $x < -2$ l'espressione assume valori positivi. V F

d. Se $x = 2$, l'espressione assume valore uguale a $16 + 4k$. V F

D18 **In figura è rappresentata la funzione f definita in $[-12, 12]$.**

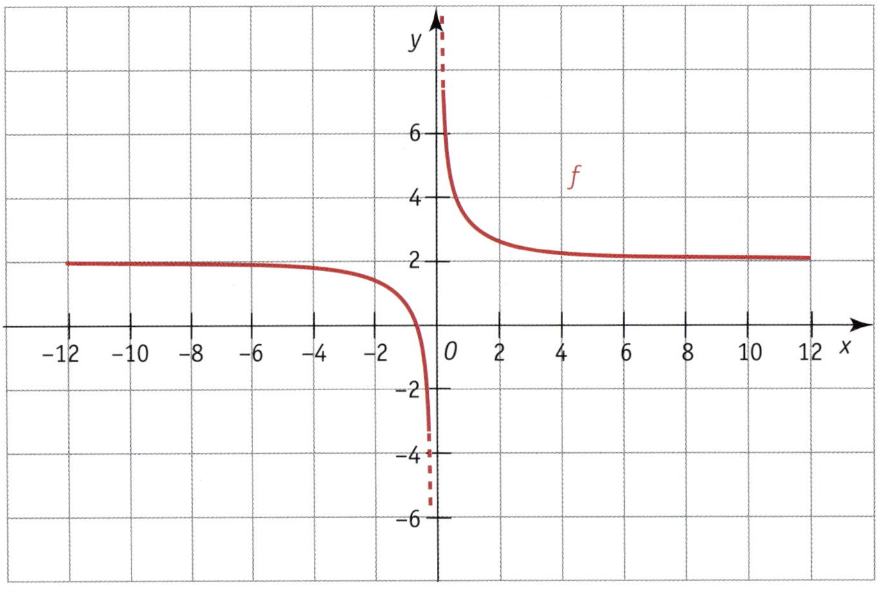

Indica se ciascuna delle seguenti affermazioni è vera (V) o falsa (F).

a. La funzione non è definita per $x = 0$. V F

b. La funzione non è definita per $x = 2$. V F

c. La funzione è decrescente in tutto l'intervallo di definizione. V F

d. La funzione è dispari. V F

D19 **Qual è l'insieme delle soluzioni di $e^{2x+1} - e^{x^2-4} > 0$?**

A $x < -2 \vee x > 2$

B $1-\sqrt{6} < x < 1+\sqrt{6}$

C $x > \frac{-1}{2} \vee x > 2$

D $x < 1-\sqrt{6} \vee x > 1+\sqrt{6}$

D20 **Il solido in figura è composto da due coni. Indica se ciascuna delle seguenti affermazioni è vera (V) o falsa (F).**

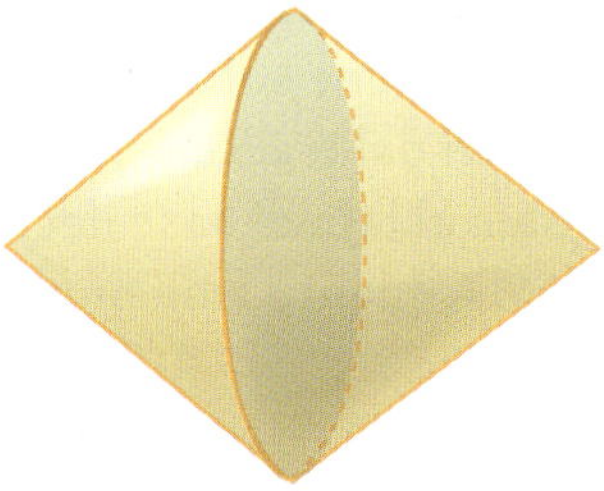

a. La superficie del solido è uguale a due volte la superficie di un cono. V F

b. Il volume del solido è uguale a due volte il volume di un cono. V F

c. Se l'altezza dei coni viene raddoppiata, il volume del solido raddoppia. V F

d. Se il raggio dei coni viene raddoppiato, il volume del solido raddoppia. V F

D21 **Il problema dell'anello portatovagliolo è un problema famoso della matematica. Esso consiste nell'individuare il volume di un solido che si ottiene considerando una sfera di raggio *R* a cui sia stata tolta una sezione cilindrica con raggio $r<R$ e con asse passante per il centro della circonferenza. Il solido risultante assomiglia a un portatovagliolo ed è illustrato nella figura.**

Se l'altezza del solido ottenuto è *h*, il risultato del problema è $V = \frac{\pi h^3}{6}$.

Indica se ciascuna delle seguenti affermazioni è vera (V) o falsa (F).

a. Se il raggio della sfera aumenta e *h* rimane costante, aumenta anche il volume del portatovagliolo. V F

b. Se *h* aumenta e *R* rimane costante, il volume del portatovagliolo aumenta. V F

c. Se si vogliono ottenere più portatovaglioli aventi lo stesso volume e la stessa superficie, sia *R* sia *h* devono rimanere costanti. V F

d. Il volume del portatovagliolo non dipende da *R*. V F

D22 **In un comune è stato fatto un censimento e i dati sulla popolazione sono stati suddivisi per genere e per età. La tabella mostra il numero di abitanti per ognuna delle categorie individuate. Completa la tabella aggiungendo i dati mancanti.**

Età	Donne	Uomini	Totale
$0 < x < 25$	1340	1230	
$25 \leq x < 60$			10650
$x \geq 60$	2940	2400	
Totale		9180	

Se si sceglie per un'intervista una persona con meno di 25 anni, qual è la probabilità di scegliere una donna? (Approssima il valore all'unità.)

Risposta: .... %

D23 **Una linea elettrica viene fatta passare attraverso un campo rettangolare di 300 ettari lungo 6000 m. Il proprietario del campo riceve un indennizzo di 2 euro al metro quadro nelle zone in cui sono posti i tralicci e di un euro al metro quadro per le zone sottostanti il passaggio della linea. Ogni traliccio ha base quadrata di lato 9 m e dista 60 metri dal traliccio successivo. Il passaggio della linea interessa una fascia di terreno di larghezza uguale al lato di base del traliccio. La linea elettrica attraversa il campo parallelamente al lato più corto. A quanto ammonta l'indennizzo ricevuto dal proprietario?**

A Circa 600 euro

B Circa 1700 euro

C Circa 5100 euro

D Circa 12 000 euro

D24 **Il grafico mostra le nascite avvenute in Italia tra il 2003 ed il 2017.** *(Fonte: Istat)*

Nascite in Italia negli anni 2003-2017

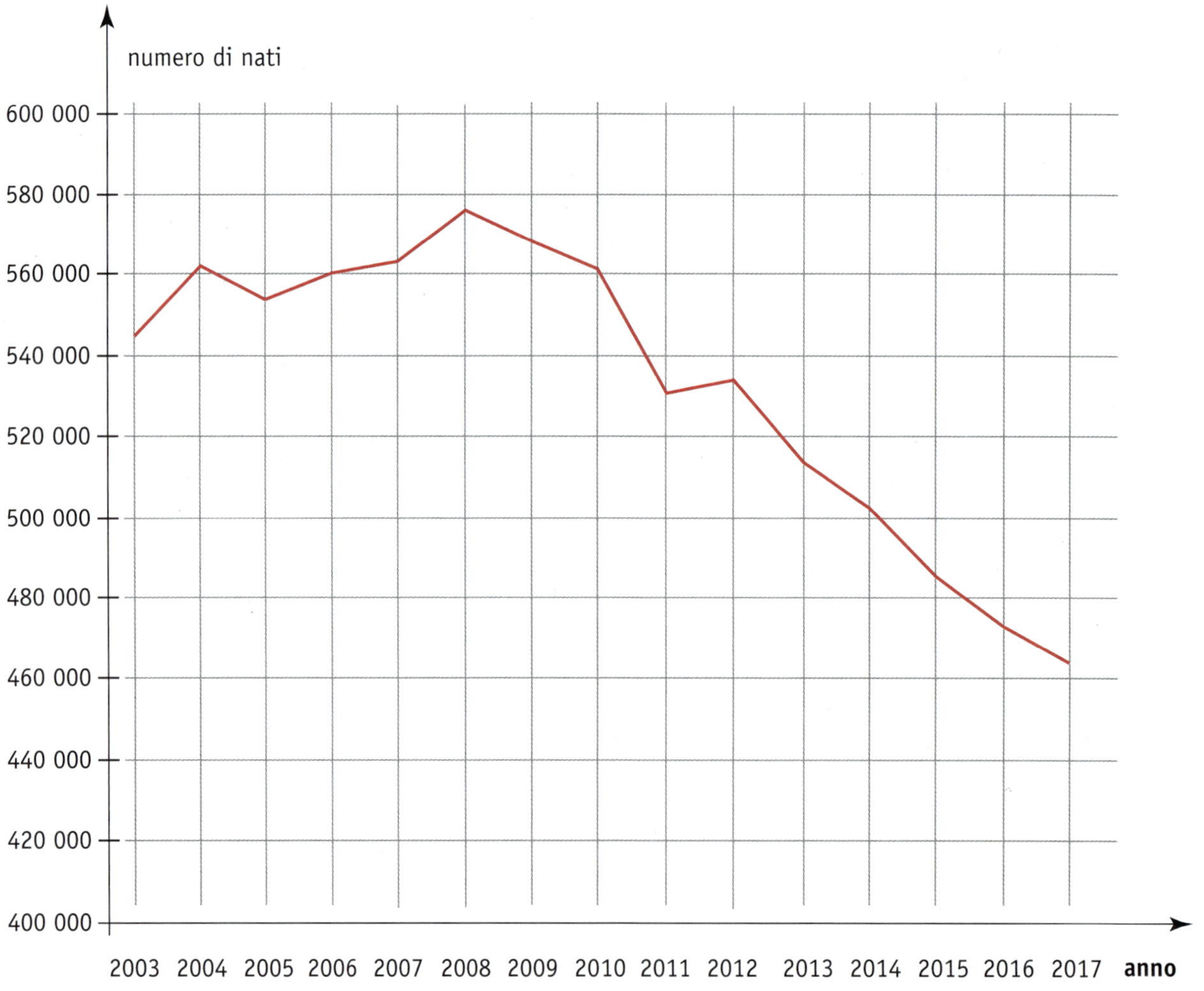

Indica se ciascuna delle affermazioni seguenti è vera (V) o falsa (F).

a. Negli ultimi 5 anni le nascite sono in calo costante. V F

b. Tra il 2008 e il 2009 sono avvenute più nascite che negli altri anni considerati. V F

c. Tra il 2009 e il 2017 le nascite sono dimezzate. V F

d. Tra il 2010 e il 2011 c'è stato un decremento delle nascite annuali più elevato rispetto agli altri anni considerati. V F

D25 **Se ci si può muovere solo lungo la superficie del cubo raffigurato, qual è il percorso più breve tra il punto *A* e il punto *B*, tra quelli proposti?**

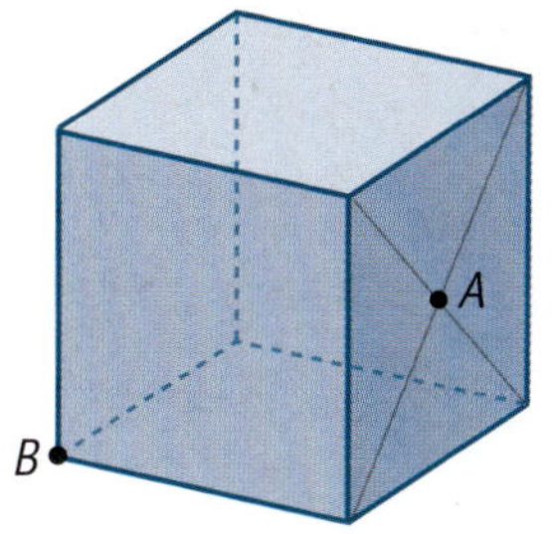

A
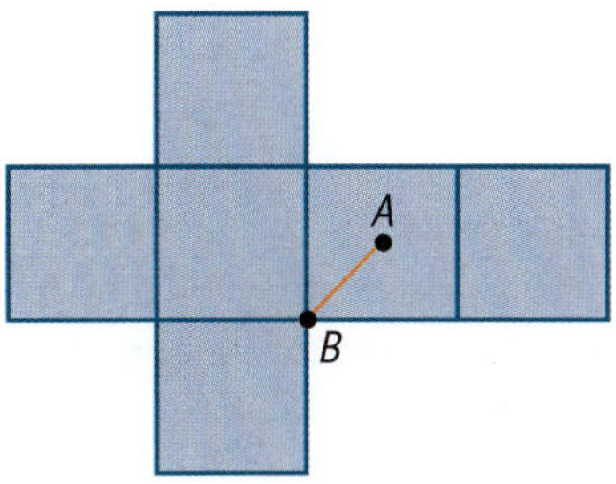

C
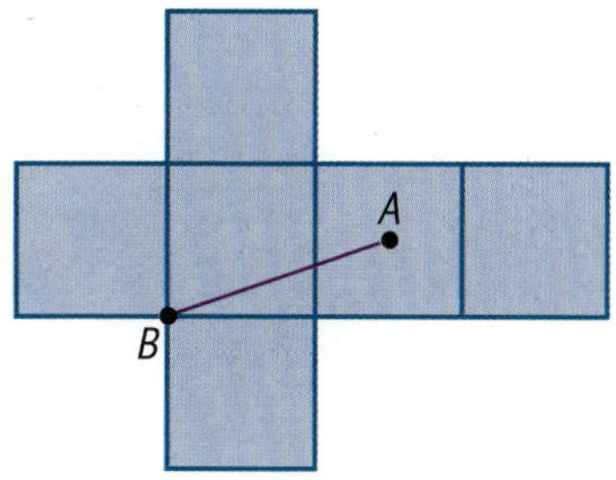

B
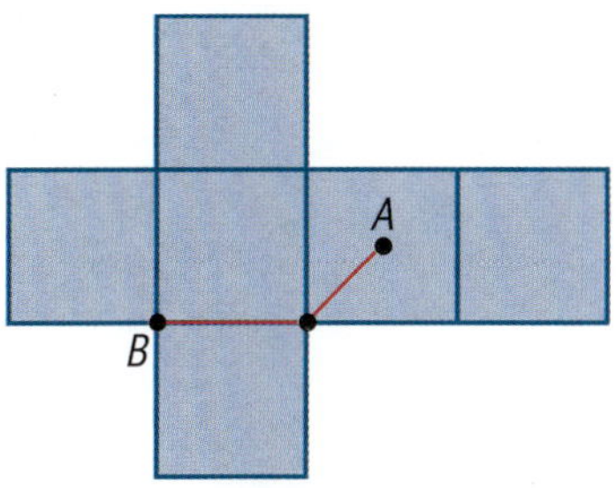

D
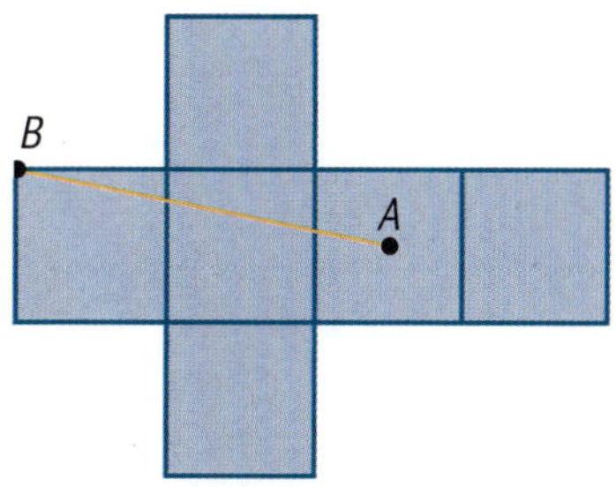

D26 **Quale dei seguenti grafici può essere quello della funzione $f(x) = |x^2 - 1|$?**

A
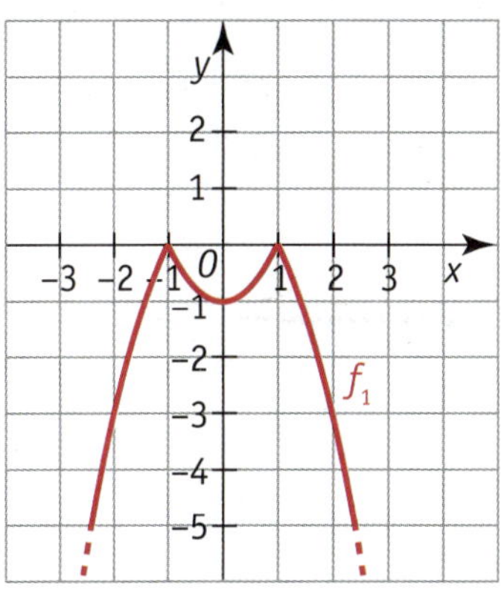

C
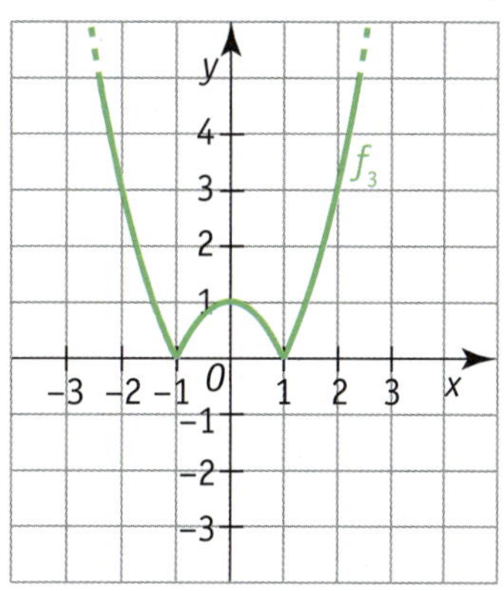

B
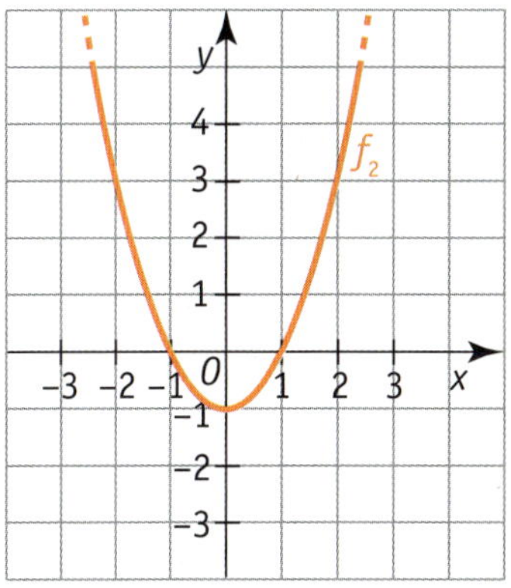

D
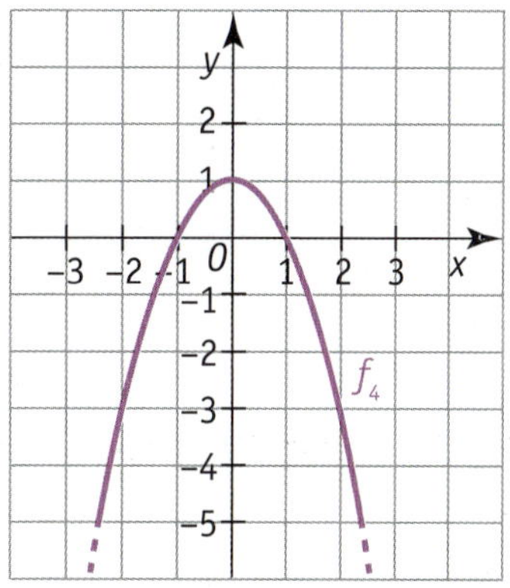

D27 **Qual è la settima parte di $\ln(x^3)$?**

A $\ln\left(\dfrac{x^3}{7}\right)$

B $\ln(7x^3)$

C $\dfrac{1}{4}\ln x$

D $\ln\left(x^{\frac{3}{7}}\right)$

D28 **Sia R un rettangolo di base 3 cm e altezza 4 cm. Sul lato più lungo si individua il punto A che è a distanza x da un vertice del rettangolo. Sul lato opposto, simmetrico di A rispetto al centro del rettangolo, si individua A'. Qual è l'area del poligono individuato dal segmento AA' con i lati del rettangolo in funzione di x?**

A $6\ \text{cm}^2$

B $3(4 - x)\ \text{cm}^2$

C $4\ \text{cm}^2$

D $(6 + 3x)\ \text{cm}^2$

D29 **Osserva la meridiana in figura.**

Supponiamo che lo gnomone, la cui ombra è proiettata sul quadrante della meridiana, sia alto 10 cm e che la sua ombra sia lunga 12 cm. Qual è l'angolo formato dai raggi solari con la meridiana? (Approssima i gradi all'unità.)

Risposta: ....° circa

D30 **Qual è l'equazione della retta *r* passante per il punto *P*(0, –2) e parallela alla bisettrice del primo e terzo quadrante?**

A $y = -x - 2$

B $y = x + 2$

C $y = -x + 2$

D $y = x - 2$

D31 **Il grafico mostra l'abbandono scolastico in Italia nella scuola secondaria di secondo grado suddiviso per indirizzo.** (*Fonte: MIUR*)

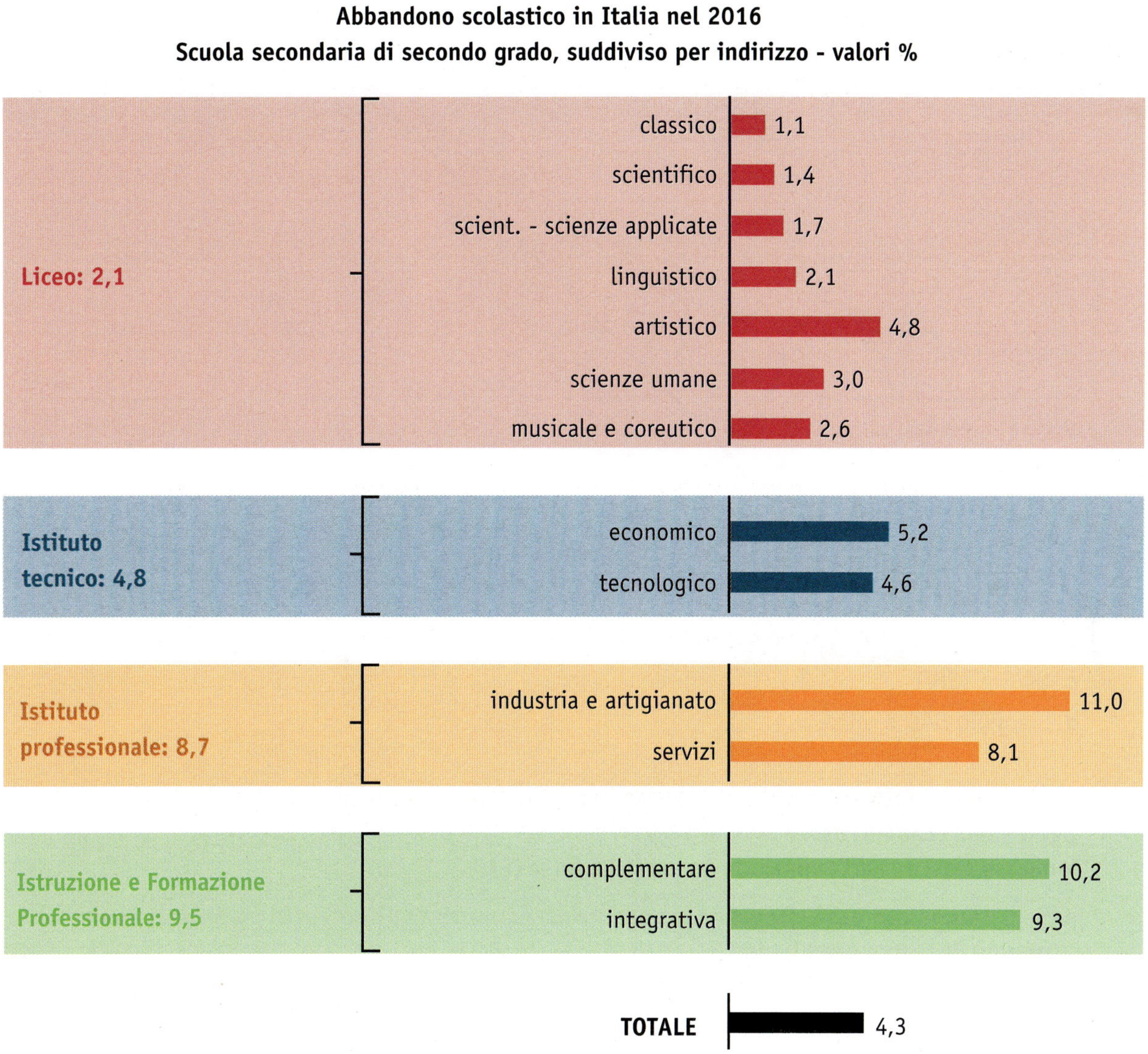

Indica se ciascuna delle affermazioni seguenti è vera (V) o falsa (F).

a. Negli istituti professionali la media complessiva di abbandono scolastico è del 19,1%. V F

b. Il liceo artistico ha il maggior tasso di abbandono tra i licei. V F

c. All'incirca uno studente su venti che inizia a frequentare un istituto tecnico abbandona il percorso di studi. V F

d. Su dieci studenti che iniziano a frequentare un istituto professionale, circa nove portano a termine il percorso di studi. V F

D32 **Un dado viene lanciato per tre volte di fila. Quale tra le seguenti combinazioni di numeri si ottiene con minore probabilità?**

A 6, 6, 6

B 6, 5, 5

C 6, 5, 4

D Sono tutte equiprobabili

D33 **Indica se ciascuna delle affermazioni relative alla circonferenza di centro *O* in figura è vera (V) o falsa (F).**

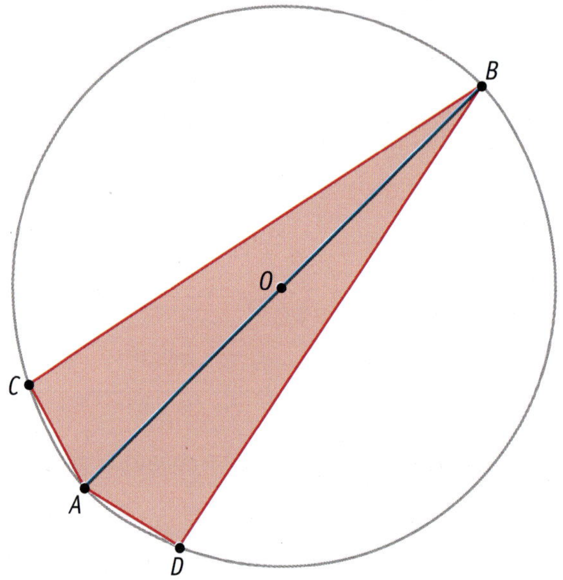

a. Il triangolo *CBD* è isoscele per costruzione. V F

b. Gli angoli *ADB* e *ACB* sono supplementari. V F

c. $DOC = 2CBD$ V F

d. L'angolo *BAD* è retto. V F

D34 **Una coppia ha fatto un test in un laboratorio di analisi e ha scoperto che la probabilità che un loro figlio abbia i capelli rossi è uguale a 0,2.**
Indica se ciascuna affermazione è vera (V) o falsa (F).

a. Se il primo figlio della coppia ha i capelli rossi, i quattro figli successivi avranno probabilità minore di avere i capelli rossi. V F

b. Ogni figlio avrà il 20% di probabilità di avere i capelli rossi. V F

c. Se nasceranno cinque figli, uno di essi avrà sicuramente i capelli rossi. V F

d. La probabilità che il primo figlio della coppia non abbia i capelli rossi è uguale a 0,8. V F

D35 **Qual è il limite della funzione $f(x) = \dfrac{x^4 + x^2 + 2x}{x + 2x^2}$ per x che tende a zero?**

A ∞

B 2

C 1

D 0

D36 **Il grafico mostra il tasso di occupazione in Italia, tra i 15 e i 64 anni di età, suddiviso per sesso, ripartizione geografica e classe di età.** *(Fonte: Istat)*

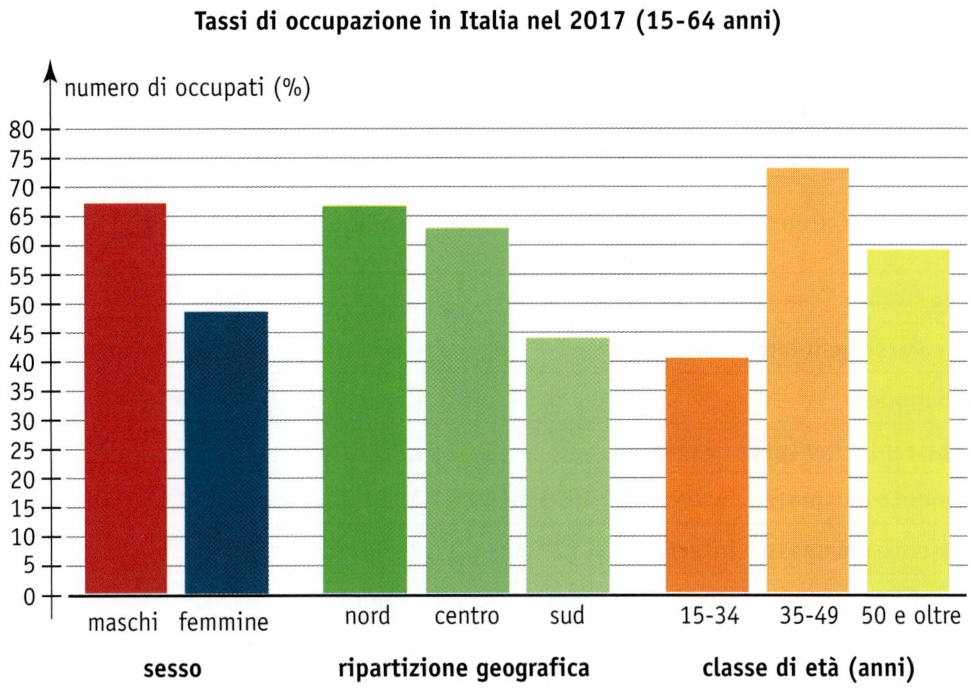

Che cosa si può dedurre dal grafico?
Indica se ciascuna delle affermazioni seguenti è vera (V) o falsa (F).

a. Il numero di occupati tra i 35 e i 49 anni è maggiore rispetto al numero di occupati di età diversa. V F

b. Nel sud Italia gli occupati sono meno del 50%. V F

c. Il 60% delle donne residenti nel centro Italia ha un'occupazione. V F

d. Gli uomini hanno un tasso di occupazione più alto rispetto alle donne. V F

D37 **A un promoter viene proposta una retribuzione fissa di 400 euro al mese a cui viene aggiunto il 10% dell'importo complessivo delle vendite portate a termine. Quale delle seguenti funzioni permette di calcolare il compenso in euro del promoter in funzione del valore della merce venduta?**

A $y = 400x + \frac{10}{100}$

B $y = 10x + 400$

C $y = 0{,}1x + 400$

D $y = \left(\frac{10}{100} + 400\right)x$

D38 **Considera la funzione $f(x) = x^2 - 4x + 3$ definita da $\mathbb{R}$ in $\mathbb{R}$.**
Qual è il codominio di f?

A $\mathbb{R}$

B $1 \leq y \leq 3$

C $y \leq 1 \vee y \geq 3$

D $y \geq -1$

D39 **La media dei voti di Claudio relativa alle prime quattro verifiche di matematica è 7,5. Quale voto può avere preso Claudio alla quinta verifica se la sua media è salita a 7,9?**

A 8

B 8,5

C 9

D 9,5

D40 **Una compagnia telefonica pratica la seguente offerta "chiamate+internet+TV".**

Chiamate su rete fissa	0 euro/min
Chiamate verso cellulari	0,02 euro/min
Noleggio modem	Gratis
Attivazione internet (primi 9 mesi)	1,40 euro/mese
Abbonamento chiamate + internet (primi 9 mesi)	20,90 euro/mese
Abbonamento chiamate + internet (dal 10° mese)	28,40 euro/mese
Attivazione TV	79 euro
Abbonamento TV (primi 11 mesi)	30 euro/mese
Abbonamento TV (dal 12° mese)	45 euro/mese

Se si effettuano ogni mese in media *n* ore di chiamate verso cellulari e *m* ore di chiamate verso reti fisse, qual è la spesa sostenuta il 10° mese di attivazione?

A $0{,}02 \cdot (n + m) + (28{,}40 + 30)$

B $0{,}02 \cdot (n \cdot 60) + (28{,}40 + 30)$

C $0{,}02 \cdot (n : 60) + (28{,}40 + 30)$

D $0{,}02 \cdot n + (28{,}40 + 30)$

DOMANDE SPECIFICHE PER IL LICEO SCIENTIFICO

D1 **Considera la funzione f rappresentata nel grafico in figura.**

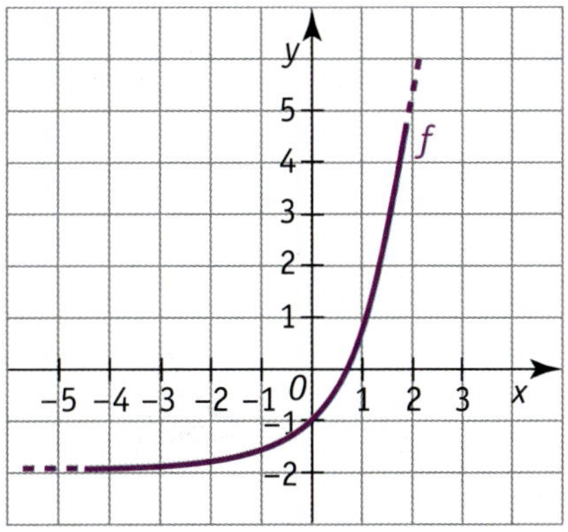

Quale tra i seguenti grafici può essere quello della funzione inversa f^{-1}?

A
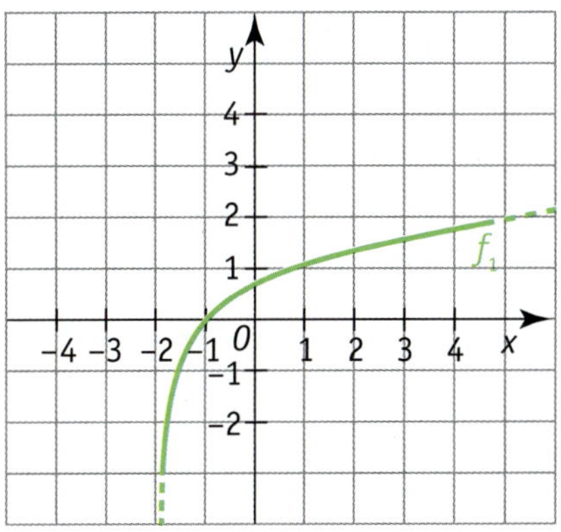

C
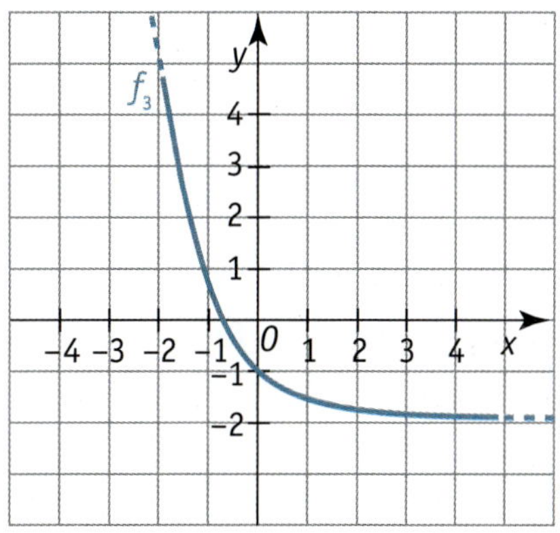

B
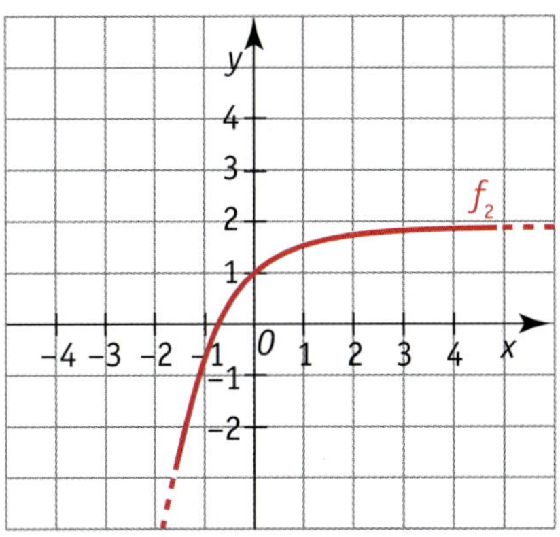

D
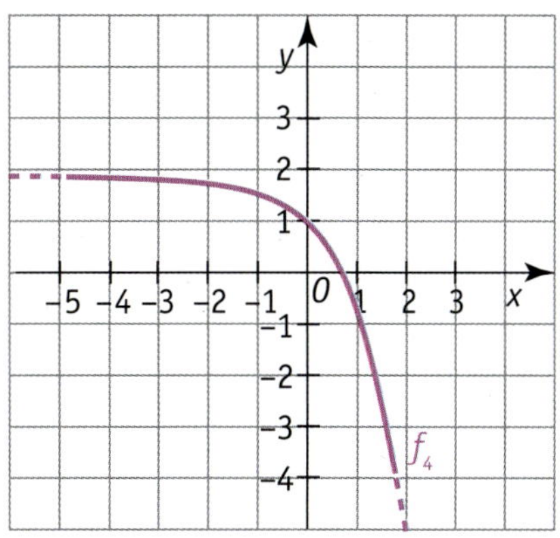

D2 **Considera i due numeri complessi $z_1 = 6 + 4i$ e $z_2 = 3 + 8i$.**

Qual è il risultato del rapporto $\frac{z_1}{z_2}$?

A $2 + \frac{1}{2}i$

B $\frac{1}{2} + 2i$

C $50 - 36i$

D $\frac{50}{73} - \frac{36}{73}i$

D3 **Considera la funzione *f* rappresentata nel grafico in figura.**

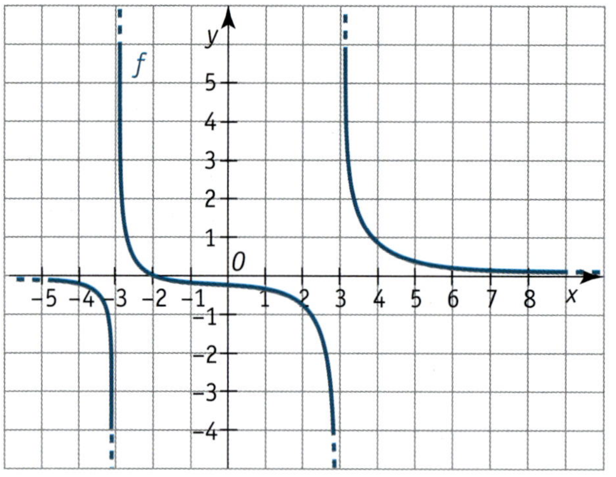

Indica se ciascuna delle seguenti affermazioni è vera (V) o falsa (F).

a. $x = -3$ è un asintoto verticale. V F

b. $\lim_{x \to +\infty} f(x) = 0$ V F

c. Per $x < -3$ si ha che $f'(x) < 0$. V F

d. $f(-2) = 0$ V F

D4 **Un corpo è sottoposto a due forze F_1 e F_2, rispettivamente di 4 N e 2 N, che formano tra loro un angolo di 120°. Qual è l'intensità della forza *F* risultante?**

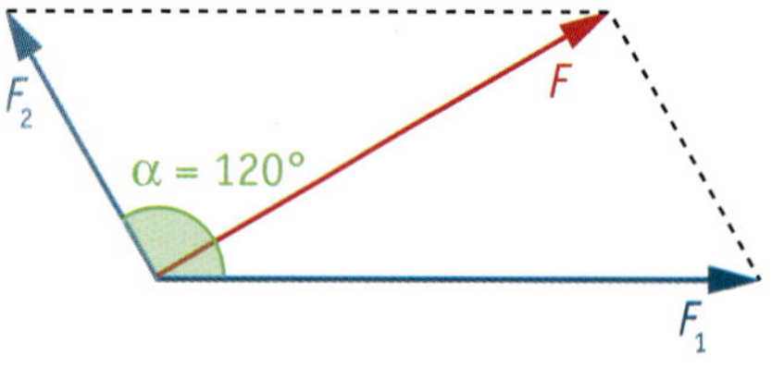

A $F = 2\sqrt{3}$ N

B $F = 2\sqrt{7}$ N

C $F = 28$ N

D $F = 12$ N

D5 **Sia $\vec{v}(5, -1, 0)$ un vettore nello spazio.**
Indica se ciascuna delle seguenti affermazioni è vera (V) o falsa (F).

a. Il vettore $\vec{v}$ giace nel piano *xy*. V F

b. Il vettore $\vec{u}(10, -2{,}0)$ è parallelo a $\vec{v}$. V F

c. Il modulo di $\vec{v}$ è uguale a 2. V F

d. Il vettore $\vec{t}\,(0, -1{,}5)$ è perpendicolare a $\vec{v}$. V F

D6 **In uno studio clinico, a un gruppo di 100 persone (di cui 60 sane) è stato somministrato un test per diagnosticare una malattia. I risultati del test sono stati positivi per il 5% delle persone sane e per il 65% delle persone malate.**
Qual è la probabilità di efficacia del test?

Risposta: ..... %

D7 **Per motivi di sicurezza, un'azienda dolciaria ha dovuto ritirare dal commercio tutte le confezioni di biscotti con un determinato numero di lotto.**
In un negozio che vende quei biscotti, il 30% delle confezioni facevano parte del lotto non conforme e di queste ne sono state vendute il 40%, mentre è stato venduto il 20% delle confezioni conformi.
Se un cliente ha comprato una confezione di biscotti, qual è la probabilità che essa provenisse dal lotto non conforme?

A 46%

B 12%

C 26%

D 40%

D8 **Quali sono le soluzioni dell'equazione esponenziale $3^{2x} + 2 \cdot 3^x - 3 = 0$?**

A $x = 1$

B $x = 0$

C $x = -3, x = 1$

D $x = -1, x = 0$

DOMANDE SPECIFICHE PER GLI ISTITUTI TECNICI

D1 **Nel grafico è rappresentata la funzione densità di probabilità $f(x)$ di una variabile aleatoria X.**

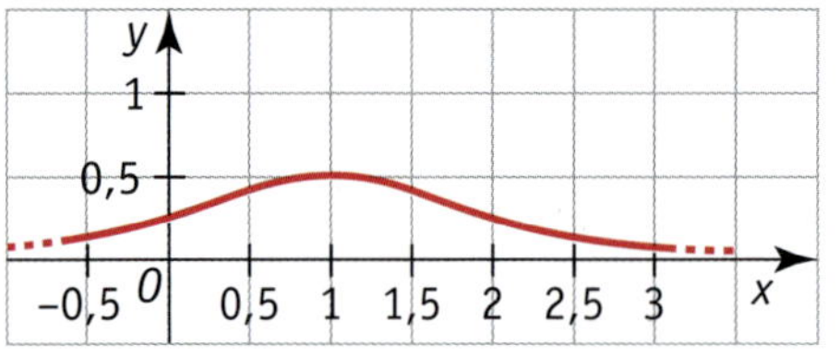

Indica se ciascuna delle seguenti affermazioni è vera (V) o falsa (F).

a. $\int_{-\infty}^{+\infty} f(x)\,dx = \infty$ V F

b. X è una variabile aleatoria discreta. V F

c. $p(X \leq 1) = p(X \geq 1)$ V F

d. $p(X = 1) = 0{,}5$ V F

D2 **Considera il sistema di secondo grado**

$$\begin{cases} xy = -6 \\ x + y = 1 \end{cases}$$

1. Quali sono le sue soluzioni?

Risposta: (.....;.....) , (.....;.....)

2. Dal punto di vista grafico il sistema rappresenta l'intersezione di due curve, quali?

Risposta: ...., ...

D3 **Sia S una superficie conica e sia p un piano che interseca S.**
Indica se ciascuna delle seguenti affermazioni è vera (V) o falsa (F).

a. Dall'intersezione tra S e p si ottengono sempre una circonferenza, un'ellisse, una parabola o un'iperbole. V F

b. Se p è perpendicolare all'asse della superficie conica e non passa per il vertice della superficie, dall'intersezione tra S e p si ottiene una circonferenza. V F

c. Se p è parallelo all'asse della superficie conica e non passa per il vertice della superficie, dall'intersezione tra S e p si ottiene un'iperbole. V F

d. Se p passa per il vertice della superficie conica, l'intersezione tra S e p può essere una coppia di rette. V F

D4 **Sia $f(x) = \begin{cases} 0 & \text{se } x < 0 \\ \frac{1}{4} \cdot e^{-\frac{1}{4}x} & \text{se } x \geq 0 \end{cases}$ la densità di probabilità di una variabile aleatoria esponenziale X.**

Qual è la probabilità che X sia maggiore di 8?

A $p(X > 8) = 1 - \frac{1}{e^2}$

B $p(X > 8) = \frac{1}{e^2}$

C $p(X > 8) = 2 - \frac{1}{e^2}$

D $p(X > 8) = \frac{1}{e^2} - 1$

D5 **Nella figura sono rappresentati il grafico della funzione *f* e due superfici, evidenziate con un colore, delle quali è indicata l'area.**

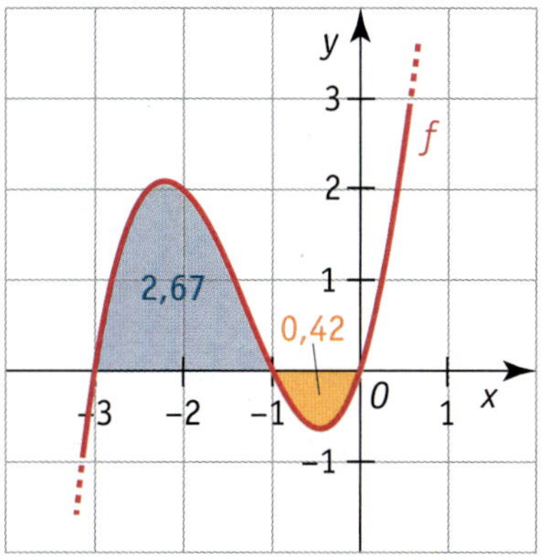

Indica se ciascuna delle seguenti affermazioni è vera (V) o falsa (F).

a. $\int_{-3}^{-1} f(x)dx = 2{,}67$ V F

b. $\int_{-1}^{0} f(x)dx = 0{,}42$ V F

c. $\int_{-3}^{0} f(x)dx = 3{,}09$ V F

d. L'area compresa tra $f(x)$ e l'asse x nell'intervallo $[-3{,}0]$ è uguale a $\int_{-3}^{0} f(x)dx$. V F

D6 **Nella figura è rappresentata $F(x)$, che è la primitiva della funzione $f(x)$.**

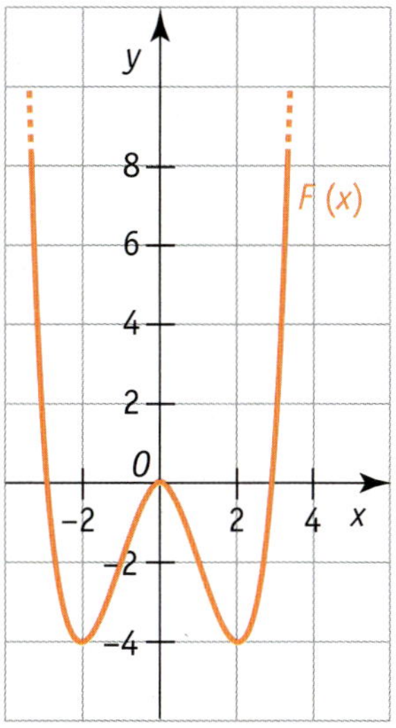

Quanto vale $\int_{0}^{2} f(x)dx$?

Risposta: .....

D7 **Considera la matrice $A = \begin{pmatrix} 2 & -1 \\ -3 & 4 \end{pmatrix}$.**

Qual è il determinante di *A*?

A Det(*A*) = 2

B Det(*A*) = 0

C Det(*A*) = 5

D Det(*A*) = 11

D8 **Si vuole determinare l'altezza di un monumento. In un primo momento si osserva il monumento sotto un angolo di 30°, ma avvicinandosi di 10 m lo si osserva sotto un angolo di 60°.**

1. Qual è l'altezza del monumento?

- **A** I dati sono insufficienti per rispondere alla domanda.
- **B** $5\sqrt{3}$ m
- **C** 5 m
- **D** $10\frac{\sqrt{3}}{3}$ m

2. A quale distanza dal monumento ci si trova alla fine?

Risposta: ..... m

Soluzioni

SIMULAZIONE 1

D1
Risposta: A.

D2
Risposta: C.

D3
1. Risposta: D. **2.** Risposta: B.

D4
Risposta: A.

D5
Risposte: **a.** V; **b.** V; **c.** V; **d.** V.

D6
La tabella va completata nel modo seguente.

Occhi Capelli	CHIARI	SCURI	TOTALE
CHIARI	**7**	**18**	**25**
SCURI	**13**	**62**	**75**
TOTALE	**20**	**80**	100

D7
Risposta: D.

D8
Risposta: 74 kg.

D9
Risposta: vedi schema seguente.

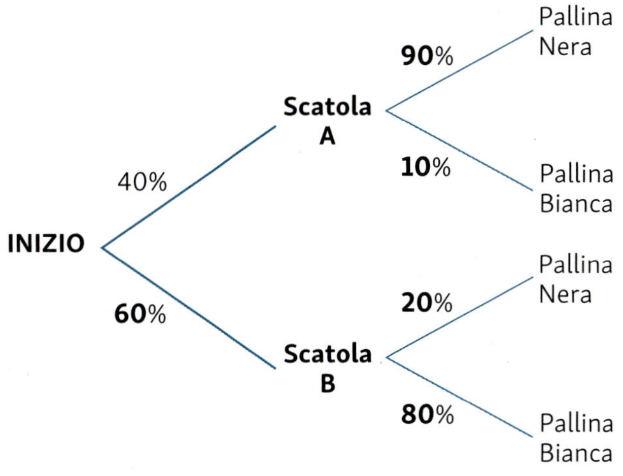

D10
Risposte: **a.** F; **b.** F; **c.** V; **d.** V

D11
Risposta: D.

D12
Risposta: C.

D13
Risposta: B.

D14
Risposta: 40 cm^2.

D15
Risposta: 33 pizze.

D16
Risposta: D.

D17
Risposta: A.

D18
Risposte: **a.** V; **b.** F; **c.** F; **d.** V.

D19
Risposta: B.

D20
Risposte: **a.** V; **b.** F; **c.** F; **d.** V.

D21
Risposta: C.

D22
Risposta: A.

D23
Risposta: 420 visitatori.

D24
Risposta: D.

D25
Risposta: B.

D26
Risposte: **a.** V; **b.** F; **c.** F; **d.** V.

D27
Risposta: C.

D28

Risposta: A.

D29

Risposta: B.

D30

Risposta: C.

D31

1. Risposta: D. **2.** Risposta: C.

D32

Risposta: D.

D33

Risposta: A.

D34

1. Risposta: B. **2.** Risposte: **a.** V; **b.** V; **c.** V.

D35

Risposta: A.

D36

Risposta: C.

D37

Risposte: **a.** F; **b.** V; **c.** V; **d.** V.

D38

1. Risposta: A. **2.** Risposta: B.

D39

Risposte: **a.→C**; **b.→B**; **c.→A**; **d.→D**.

D40

1. Risposta: A. **2.** Risposta: A.

Domande specifiche per il liceo scientifico

D1

1. Risposta: vedi schema seguente.

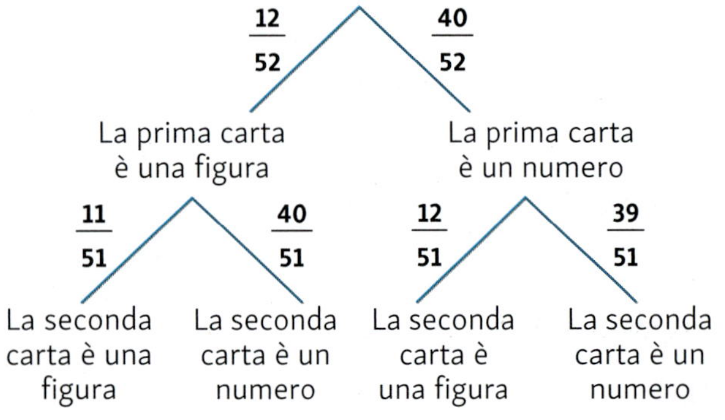

2. Risposta: A.

D2

Risposta: C.

D3

Risposta: 52 m.

D4

Risposte: **a.** V; **b.** V; **c.** F; **d.** V.

D5

Risposte: **a.** V; **b.** F; **c.** F; **d.** F.

D6

Risposta: B.

D7

Risposta: A.

D8

Risposta: D.

Domande specifiche per gli istituti tecnici

D1

1. Risposta: vedi tabella.

X \ Y	85	92	98	100	Totale
198	1	2	1	0	**4**
200	1	2	0	0	**3**
202	0	1	1	0	**2**
206	0	0	1	2	**3**
208	0	0	1	1	**2**
Totale	**2**	**5**	**4**	**3**	**14**

2. Risposta: 3 giocatori **3.** Risposta: B.

D2

Risposte: **a.** F; **b.** F; **c.** V; **d.** V.

D3

Risposta: 16,38 cm.

D4

Risposta: A.

D5

Risposta: B.

D6

1. Risposta: 1030,2 euro. **2.** Risposta: C.

D7

Risposta: D.

D8

Risposta: B.

SIMULAZIONE 2

D1

1. Risposta: No.
2. Risposta: 2500 m.

D2

Risposta: C.

D3

Risposta: A.

D4

Risposta: C.

D5

Risposte: **a.** F; **b.** F; **c.** V; **d.** V.

D6

Risposta: D.

D7

Risposte: **a.** V; **b.** F; **c.** V; **d.** V.

D8

Risposte: **a.** V; **b.** V; **c.** F; **d.** F.

D9

Risposte: **a.** V; **b.** V; **c.** F; **d.** V.

D10

Risposta: A.

D11

Risposta: A.

D12

Risposta: B.

D13

Risposta: B.

D14

Risposta: A.

D15

L'ordine con cui inserire i completamenti è: $6k$, intero, $2 \cdot 3$, $(2 \cdot 3)k$, $2 \cdot 3 \cdot k$, $2^2 \cdot 3^2 \cdot k^2$, multiplo, multiplo

D16

Risposta: B.

D17

Risposte: **a.** V; **b.** V; **c.** F; **d.** F.

D18

1. Risposta: D.
2. Risposta: A.

D19

1. Risposta: A.
2. Risposta: A.

D20

1. Risposta: C.
2. Risposta: B.

D21

Risposta: D.

D22

Risposta: A.

D23

1. Risposta: C.
2. Menu del giorno: 26; IVA 10%: 4,18; Imponibile: 41,82.

D24

Risposta: A.

D25

Risposte: **a.** V; **b.** V; **c.** V; **d.** F.

D26

Risposta: A.

D27

1. Risposta: No.
2. Risposta: 2,16 metri.

D28

Risposta: B.

D29

Risposte: **a.** V; **b.** F; **c.** V; **d.** F.

D30

Risposta: B.

D31

Risposte: **a.** V; **b.** F; **c.** F; **d.** V.

D32

Risposta: B.

D33

Risposta: A.

D34

Risposte: **a.** V; **b.** V; **c.** F; **d.** V.

D35

Risposta: C.

D36

1. Risposta: D.

2. Risposta: C.

D37

1. Risposta: C.

2. Risposta: A.

D38

Risposta: vedi tabella.

Auto possedute	Frequenza assoluta	Frequenza cumulata	Frequenza percentuale
0	1	**1**	4 %
1	**6**	**7**	**23%**
2	**12**	**19**	**46%**
3	**4**	**23**	15 %
4	**3**	**26**	**12%**

D39

Risposta: B.

D40

Risposte: **a.→2**; **b.→6**; **c.→5**; **d.→1**; **e.→4**; **f.→3**

D7

Risposta: A.

D8

Risposta: D.

Domande specifiche per il liceo scientifico

D1

Risposte: **a.** V; **b.** V; **c.** F; **d.** V.

D2

Risposta: D.

D3

Risposta: A.

D4

Risposta: C.

D5

Risposta: B.

D6

Risposta: A.

Domande specifiche per gli istituti tecnici

D1

Risposta: A.

D2

Risposta: B.

D3

Risposta: A.

D4

Risposta: A.

D5

Risposta: C.

D6

Risposta: D.

D7

1. Vedi tabella.

Classe	Frequenza assoluta	Frequenza percentuale	Frequenza cumulata
$0 \leq x < 3$	22	**25%**	22
$3 \leq x < 5$	**18**	21 %	**40**
$5 \leq x < 7$	**35**	**40%**	**75**
$7 \leq x \leq 9$	12	**14%**	87

2. Media: 4,6.
Mediana: 6.

D8

1. Risposta: B.

2. Risposta: C.

SIMULAZIONE 3

D1

1. Vedi lo schema seguente.

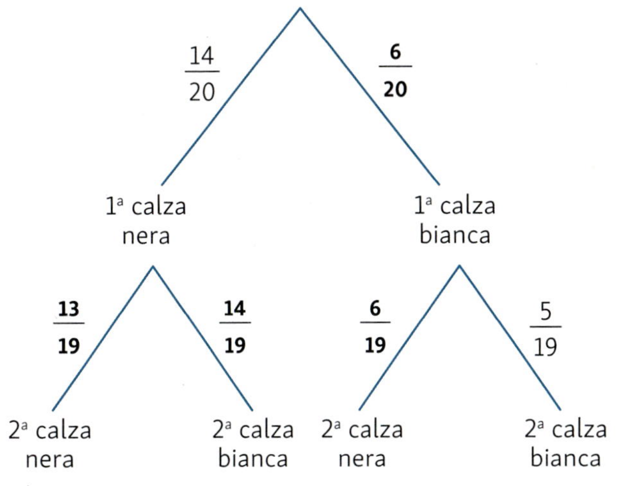

2. Risposta: B.

D2

Risposte: **a.** V; **b.** V; **c.** F; **d.** F.

D3

1. Risposta: 30 ragazzi.

2. Risposta: 20%.

3. Risposta: 60%.

D4

Risposta: B.

D5

a. secante

b. secante

c. esterna

d. secante

e. tangente

D6

Risposta: 7

D7

Risposta: A.

D8

Risposte: **a.** V; **b.** V; **c.** F; **d.** V.

D9

a. Iniettiva: Sì Suriettiva: No

b. Iniettiva: No Suriettiva: No

c. Iniettiva: Sì Suriettiva: Sì

d. Iniettiva: Sì Suriettiva: No

e. Iniettiva: No Suriettiva: Sì

D10

Risposte: **a.** F; **b.** F; **c.** V; **d.** F.

D11

Risposta: A.

D12

1. Risposta: A.
2. Risposta: C.

D13

Risposte: **a.** F; **b.** F; **c.** F; **d.** V.

D14

1. Risposta: No.
2. Risposta: 1,7 m.

D15

Risposta: A.

D16

Risposta: C.

D17

Risposte: **a.** F; **b.** V; **c.** V; **d.** F.

D18

Risposte: **a.** V; **b.** V; **c.** V; **d.** F.

D19

Risposta: B.

D20

1. Risposta: 32 km.
2. Risposta: 11:30.
3. Risposta: 0 km.
4. Risposta: 4 km/h.
5. Risposta: 5,3 km/h.

D21

Risposta: D.

D22

L'ordine con cui inserire i completamenti è: $n(n^2 - 1)$, somma per differenza, $n(n - 1)(n + 1)$, consecutivi, pari, 2, 3

D23

Risposte: **a.** V; **b.** V; **c.** F; **d.** F.

D24

1. Risposta: 1 soluzione.
2. Risposta: 2 soluzioni.
3. Risposta: 2 soluzioni.
4. Risposta: 4 soluzioni.

D25

1. Risposta: 18 studenti.
2. Risposta: 15%.

D26

Risposte: **a.** F; **b.** V; **c.** V; **d.** V.

D27

Risposta: 0,01%.

D28

Risposta: C.

D29

1. Risposta: D.
2. Risposta: B.

D30

Risposte: **a.** F; **b.** F; **c.** F; **d.** V.

D31

Risposta: 2,5 m.

D32

Risposta: D.

D33

1. Risposta: 7 m circa.
2. Risposta: 146 m circa.

D34

Risposta: 3 m, 7 m.

D35

Risposta: C.

D36

1. Risposta: 2 euro.
2. Risposta: circa 2 gigabyte.

D37

1. Risposta: C.
2. Risposta: 2,2 cm^2.

D38

Risposta: D.

D39

Risposta: B.

D40

Risposte: **a.** V; **b.** F; **c.** V; **d.** F.

Domande specifiche per il liceo scientifico

D1

Risposta: 51,7%.

D2

Risposta: D.

D3

1. Risposta: 7 termini.
2. Risposta: $1a^4b^0 + 4a^3b^1 + 6a^2b^2 + 4a^1b^3 + 1a^0b^4$.

D4

Risposta: C.

D5

Risposte: **a.** V; **b.** V; **c.** F; **d.** V.

D6

1. Risposta: 186 tentativi.
2. Risposta: A.

D7

Risposta: C.

D8

1. Risposta: Sì.
2. Risposta: 7,1 m.

Domande specifiche per gli istituti tecnici

D1

Risposta: A.

D2

Risposta: B.

D3

a. Continua: Sì	Derivabile: No
b. Continua: Sì	Derivabile: Sì
c. Continua: No	Derivabile: No
d. Continua: Sì	Derivabile: Sì
e. Continua: Sì	Derivabile: No

D4

Risposta: C.

D5

Risposta: 108 cm^3.

D6

Risposta: C.

D7

1. Risposta: 4,1%.
2. Risposta: 95,9%.

D8

Risposta: Perimetro = 30,7 cm Area = 34,2 cm^2

SIMULAZIONE 4

D1

Risposta: D.

D2

Risposta: D.

D3

Risposta: C.

D4

Risposte: **a.** V; **b.** V; **c.** F; **d.** F.

D5

Risposta: D.

D6

Risposta: B.

D7

1. Risposta: D.
2. Risposta: A.

D8

Risposta: D.

D9

1. Risposta: 0,18 ha.
2. Risposta: 27 kg.

D10

Risposta: A.

D11

Risposta: A.

D12

1. Risposta: C.
2. Risposta: C.

D13

Risposta: B.

D14

Risposta: B.

D15

L'ordine con cui inserire i completamenti è: inscritto, segmenti, isosceli, congruenti, 180°, 360°, 360°, 180°, supplementari

D16

Risposta: D.

D17

Risposte: **a.** F; **b.** V; **c.** F; **d.** V.

D18

Risposta: 67%.

D19

Risposta: 0,4; $\log_4 2$; $\frac{3}{4}$; 1; e^2.

D20

1. Risposta: B.
2. Risposta: B.

D21

Risposta: vedi tabella.

Lettera	Frequenza
A	**12%**
D	**4%**
I	11%
N	7%
P	**3%**
O	10%

D22

Risposta: B.

D23

1. Risposta: 47.
2. Risposta: $a_n = a_{n-1} + a_{n-2}$.

D24

Risposta: B.

D25

Risposta: B.

D26

Risposta: A.

D27

Risposta: A.

D28

Risposta: A.

D29

Risposta: B.

D30

Risposte: **a.** V; **b.** V; **c.** F; **d.** V.

D31

Risposta: conviene acquistare il computer nel negozio B.

D32

Risposta: A.

D33

Risposte: **a.** V; **b.** V; **c.** V; **d.** V.

D34

Risposta: A.

D35

Risposta: circa 3 libri all'anno.

D36

Risposta: C.

D37

Risposte: **a.** V; **b.** V; **c.** V; **d.** F.

D38

Risposta: B.

D39

Risposte: **a.** V; **b.** V; **c.** F; **d.** V.

D40

1. Risposta: 0,3.
2. Risposta: C.

Domande specifiche per il liceo scientifico

D1

Risposta: B.

D2

Risposta: A.

D3

Risposta: B.

D4

Risposta: B.

D5

1. Risposta: B.
2. Risposta: 2,67 metri

D6

Risposte: **a.** F; **b.** F; **c.** V; **d.** V.

D7

Risposta: B.

D8

1. Risposta: 50,3 mm^3.
2. Risposta: 0,5 mm^3.

Domande specifiche per gli istituti tecnici

D1

Risposte: **a.** V; **b.** V; **c.** F; **d.** F.

D2

Risposta: C.

D3

Risposta: C.

D4

Risposta: B.

D5

Risposta: C.

D6

Risposta: C.

D7

L'ordine con cui inserire i completamenti è: (0, 0, 0), (1, 1, 1), parallelo, (0, –1, 1), parallelo, (–1, 0, 1), 0, 0, perpendicolare

D8

Risposta: B.

SIMULAZIONE 5

D1

Risposta: B.

D2

Risposte: **a.** V; **b.** F; **c.** V; **d.** V.

D3

Risposta: B.

D4

Risposta: B.

D5

1. Risposta: D.
2. Risposta: B.

D6

Risposta: $e^{-4}; 64^{\frac{1}{6}}; \log_5 125; \log_3 81; e^2$.

D7

Risposta: B.

D8

1. Risposta: 51%.
2. Risposta: 31%.

D9

Risposta: B.

D10

1. Risposta: B.
2. Risposta: B.

D11

Risposta: C.

D12

Risposta: 175 euro.

D13

Risposta: A.

D14

Risposte: **a.** F; **b.** F; **c.** V; **d.** V.

D15

Risposta: D.

D16

Risposte: **a.** V; **b.** V; **c.** V; **d.** F.

D17

Risposte: **a.** V; **b.** F; **c.** F; **d.** V.

D18

Risposte: **a.** V; **b.** F; **c.** V; **d.** F.

D19

Risposta: B

D20

Risposte: **a.** F; **b.** V; **c.** V; **d.** F.

D21

Risposte: **a.** F; **b.** V; **c.** V; **d.** V.

D22

La tabella va completata come segue.

Età	Donne	Uomini	Totale
$0 < x < 25$	1340	1230	**2570**
$25 \leq x < 60$	**5100**	**5550**	10650
$x \geq 60$	2940	2400	**5340**
Totale	**9380**	9180	

Risposta: 52%.

D23

Risposta: C.

D24

Risposte: **a.** V; **b.** V; **c.** F; **d.** V.

D25

Risposta: C.

D26

Risposta: C.

D27

Risposta: D.

D28

Risposta: A.

D29

Risposta: 40° circa.

D30

Risposta: D.

D31

Risposte: **a.** F; **b.** V; **c.** V; **d.** V.

D32

Risposta: D.

D33

Risposte: **a.** F; **b.** V; **c.** V; **d.** F.

D34

Risposte: **a.** F; **b.** V; **c.** F; **d.** V.

D35

Risposta: B.

D36

Risposte: **a.** F; **b.** V; **c.** F; **d.** V.

D37

Risposta: C.

D38

Risposta: D.

D39

Risposta: D.

D40

Risposta: B.

Domande specifiche per il liceo scientifico

D1

Risposta: A.

D2

Risposta: D.

D3

Risposte: **a.** V; **b.** V; **c.** V; **d.** V.

D4

Risposta: A.

D5

Risposte: **a.** V; **b.** V; **c.** F; **d.** F.

D6

Risposta: 83%.

D7

Risposta: A.

D8

Risposta: B.

Domande specifiche per gli istituti tecnici

D1

Risposte: **a.** F; **b.** F; **c.** V; **d.** F.

D2

1. Risposta: $(-2,3)$, $(3,-2)$.
2. Risposta: iperbole, retta.

D3

Risposte: **a.** F; **b.** V; **c.** V; **d.** V.

D4

Risposta: B.

D5

Risposte: **a.** V; **b.** F; **c.** F; **d.** F.

D6

Risposta: -4.

D7

Risposta: C.

D8

1. Risposta: B.
2. Risposta: 5 m.

Appunti

mediana = media di posizione / valore di mezzo

$x_1, \boxed{x_2}, x_3$ 3 numeri ordinati

↓

mediana, valore centrale

3 $\boxed{4}$ 9 $M = \frac{3+4+9}{3} = \frac{16}{3}$

↓ mediana

$x_1, \boxed{x_2, x_3}, x_4$

↓

$\frac{x_2+x_3}{2}$ = mediana se son pari

Appunti

Appunti

Appunti